# 别急！
# 韩语阅读可以很开心(上)

张宝云　编著

[韩]崔瑞希　审订

图书在版编目(CIP)数据

别急！韩语阅读可以很开心(上)/张宝云编著. —北京：北京大学出版社，2011.1
ISBN 978-7-301-16106-7

Ⅰ. 别… Ⅱ. 张… Ⅲ. 朝鲜语－阅读教学　Ⅳ. H559.4

中国版本图书馆 CIP 数据核字(2009)第 222823 号

书　　　名：别急！韩语阅读可以很开心（上）
著作责任者：张宝云　编著
责 任 编 辑：张　娜
标 准 书 号：ISBN 978-7-301-16106-7/H・2358
出 版 发 行：北京大学出版社
地　　　址：北京市海淀区成府路 205 号　100871
网　　　址：http://www.pup.cn　电子信箱：zpup@pup.pku.edu.cn
电　　　话：邮购部 62752015　发行部 62750672　编辑部 62759634
　　　　　　出版部 62754962
印　刷　者：北京大学印刷厂
经　销　者：新华书店
　　　　　　787 毫米×980 毫米　16 开本　11 印张　215 千字
　　　　　　2011 年 1 月第 1 版　2011 年 1 月第 1 次印刷
定　　　价：28.00 元

未经许可，不得以任何方式复制或抄袭本书之部分或全部内容。
版权所有，侵权必究
举报电话：(010)62752024　电子信箱：fd@pup.pku.edu.cn

# 차 례
# 目 录

## 1 부

인간 극장 人间万象 ·················································· 001
짚신 장수와 우산 장수 草鞋商人与雨伞
　商人 / 001
행복한 어부(漁夫) 幸福的渔夫 / 002
한국말을 몰라서 初学韩国语 / 004
거울 속의 첩(妾) 镜中妾 / 006

명작 감상 名作欣赏 ·················································· 009
알라딘의 램프 阿拉丁神灯 / 009

역사 이야기 历史故事 ················································ 014
고구려를 세운 주몽(朱蒙) 高句丽始祖——朱蒙 / 014

## 2 부

인간 극장 人间万象 ·················································· 022
거북이와 토끼 龟兔赛跑 / 022
잘 먹고 잘 사는 법(法) 生活富足之道 / 024
이런 면접도 있습니다 面试轶事 / 026
형님 댁의 보물(寶物) 兄长家的宝贝 / 027

명작 감상 名作欣赏 ·················································· 031
피노키오 木偶奇遇记 / 031

역사 이야기 历史故事 ........................................................................ 037

백제(百濟)를 세운 온조(溫祚) 百济始祖——温祚/ 037

신라(新羅)를 세운 박혁거세(朴赫居世) 新罗始祖——朴赫居世/ 039

## 3 부

인간 극장 人间万象 ........................................................................ 043

영리(伶俐)한 까마귀 乌鸦喝水 / 043
모래와 돌 沙与石 / 045

시집살이 婆家生活 / 047
청개구리 青蛙 / 049

명작 감상 名作欣赏 ........................................................................ 053

여고 시절(女高時節) 女高时节/ 053

그대가 날 사랑한다면 如果你爱我 / 061

역사 이야기 历史故事 ........................................................................ 062

호동(好童) 왕자와 낙랑(樂浪) 공주 好童王子与乐浪公主 / 062

## 4 부

인간 극장 人间万象 ........................................................................ 065

가장 아름다운 가위바위보 最美的剪子包袱锤 / 065
청년의 잔꾀 青年的小伎俩 / 067

절망적(絶望的)이라고요? 绝望？！/ 069
선녀(仙女)와 나무꾼 仙女与樵夫 / 069

명작 감상 名作欣赏 ........................................................................ 076

개구리 왕자 青蛙王子 / 076

토끼전 兔子传 / 079

역사 이야기 历史故事 ........................................................................ 082

바보 온달(溫達)과 평강(平岡)공주 傻瓜温达与平冈公主 / 082

## 5 부

### 인간 극장 人间万象 ......088
판도라의 상자 (箱子) 潘多拉的盒子/ 088  
200명 중 하나 200人中的一个 / 091  
늙은 아버지의 질문 老父亲的"问" / 092  
시골 쥐와 서울 쥐 乡村老鼠与城市老鼠 / 094  

### 명작 감상 名作欣赏 ......098
인어(人鱼) 공주 人鱼公主 / 098  
그대가 곁에 있어도 나는 그대가 그립다 身边的思念 / 101  
장화홍련전(蔷花紅蓮傳) 蔷花红莲传 / 102  

### 역사 이야기 历史故事 ......105
선덕여왕 善德女王 / 105  

## 6 부

### 인간 극장 人间万象 ......109
금(金)도끼와 쇠도끼 金斧子 铁斧子 / 109  
아버지의 눈물 父亲的泪 / 112  
누가 더 잘 알고 있을까요? 谁更内行? / 114  
쥐들의 회의 老鼠开会 / 116  
아들 삼 형제 三兄弟 / 118  

### 명작 감상 名作欣赏 ......120
왕자와 거지 王子与乞丐 / 120  

### 역사 이야기 历史故事 ......124
김유신의 여동생 문희(文姬) 金庾信的妹妹——文姬 / 124

## 7 부

### 인간 극장 人间万象 .................................................. 131
여우와 포도 狐狸与葡萄 / 131
배나무 할아버지 梨树爷爷 / 132
아빠의 만 원 爸爸的一万元 / 135
예쁜 게 죄(罪) 美之罪 / 137
해와 달이 된 오누이 日月兄妹 / 139

### 명작 감상 名作欣赏 .................................................. 143
아낌없이 주는 나무 爱心树 / 143

### 역사 이야기 历史故事 .............................................. 147
에밀레종(鍾) 童子钟 / 147

## 8 부

### 인간 극장 人间万象 .................................................. 151
젊어지는 샘물 不老泉 / 151
어떤 배신(背信) 有一种背叛 / 154
친절의 행위(行爲) 亲切之举 / 155
링컨의 유머 林肯的幽默 / 157

### 명작 감상 名作欣赏 .................................................. 160
빨간 망토 小红帽 / 160

### 역사 이야기 历史故事 .............................................. 167
신라의 바다를 지킨 해상왕 장보고(張保皐) 新罗海上王——张保皐 / 167

# 1부

## 인간 극장

### 짚신 장수¹와 우산 장수

한 할아버지에게 두 아들이 있었습니다. 큰아들은 짚신 장수²였고 작은아들은 우산 장수였습니다.

그런데 그는 매일 아들들에 대해³ 걱정이 되었습니다.

만약⁴ 비가 오면, "아이고, 어떻게 하지? 이렇게 비가 오면 큰아들이 짚신을 팔지 못하겠군!"

날씨가 좋으면 또 이렇게 걱정을 했습니다.

"이렇게 날씨가 좋아서 오늘은 작은아들이 우산을 못 팔겠군."

날씨가 좋을 때도 비가 올 때도 언제나 걱정만 했던 것이지요.

어느 날이었습니다.

이웃에 사는 어떤 사람이 찾아와서 물었습니다.

"무슨 걱정을 그렇게 하십니까?"

---

1 짚신 장수 草鞋商, 卖草鞋的
2 장수 商人, 商贩
3 대하다 ( 以 "-에 대한", "-에 대하여" 形式出现 ) 对, 对于, 就……来说
4 만약 如果

"나는 매일 걱정을 합니다. 비가 오면 큰아들이 걱정이 되고 날씨가 좋으면 작은아들이 걱정됩니다. 걱정이 그칠[5] 날이 없어요."

그 말을 듣고 이웃사람이 말했습니다.

"당신처럼[6] 걱정을 안 해도 되는 사람은 이 세상에 없습니다."

"내가 걱정을 안 해도 된다고요? 그게 무슨 말입니까?"

다시 이웃이 말했습니다.

"비가 오면 작은아들이 우산을 많이 팔 수 있고, 비가 오지 않으면 큰아들이 짚신을 많이 팔 수 있으니 얼마나 좋습니까? 그러니 당신이야말로[7] 이 세상에서 걱정할 게 없는 사람이지요."

"그렇군요!"

이웃사람의 얘기를 들은 후부터 그 할아버지는 날씨가 좋든 나쁘든[8] 걱정하지 않았습니다.

## 행복한 어부(漁夫)

한 미국인 사업가(事業家)가 멕시코[9]의 작은 해안(海岸) 마을에서 작은 배로 물고기 몇 마리를 잡아 막[10] 부두(埠頭)에 도착한 어부를 만났다.

그것을 본 미국인은 그 어부에게 큰 배를 타고 물고기를 많이 잡는 게 어떻겠냐고 물었다. 그러나 멕시코인 어부는 이것으로 충분(充分)하다고 대답했다.

---

5 그치다 停

6 -처럼 （添意词尾，用于体词后）像……一样

7 이야말로 （跟在有收音的体词后，表示强调）才

8 -든 （连接词尾，用于谓词词干后）无论……还是……，不管……还是……

9 멕시코 墨西哥

10 막 刚刚；乱，胡乱；使劲地

그러면 남[11]는 시간에는 무엇을 하느냐고 미국인이 물었다.
"늦잠[12]도 자고, 애들과 놀아도 주고, 아내와 함께 얘기를 즐깁[13]니다. 저녁이면 친구들과 같이 포도주(葡萄酒)를 마시며 기타도 치[14]지요."
어부의 대답에 미국인이 비웃으며 말했[15]다.
"좀 더 많은 시간을 투자(投資)해 열심히 일하면 많은 배를 가진 부자(富者)가 될 수 있을 텐데요."
"그렇게 되려면 얼마나 걸릴까요?"
"15년에서 20년쯤 걸리겠지요."
"그럼 그 후에는요?"
"돈을 많이 번[16] 뒤 은퇴(隱退)해 늦잠도 자고, 아이들과 놀아도 주고, 낮잠[17]도 즐기고, 친구들과 함께 고급(高級) 포도주를 마시면서[18] 놀 수 있겠지요."
미국인의 얘기를 다 듣고 난 어부가 웃으며 말했다.
"저는 이미 그 모든 것을 누리[19]고 있습니다."

깔깔[20] 유머

## 말하는 전자저울[21]

에어로빅 센터[22]에 말하는 최신(最新) 전자저울이 들어왔다.

---

11 남다 剩, 剩余
12 늦잠 懒觉
13 즐기다 享受
14 기타를 치다 弹吉他
15 비웃으며 말하다 讥笑着说（비웃다嘲笑，笑话；-며 连接词尾，用于谓词词干后，意思为 "……着"）
16 벌다 挣
17 낮잠 午睡，午觉
18 -면서（连接词尾，用于谓词词干后，ㄹ之外的闭音节之后加结合元音 "으"）一边……一边……，既……又……
19 누리다 享受，享有
20 깔깔 哈哈（笑声）
21 전자저울 电子秤
22 에어로빅 센터 [aerobic center] 健美操中心

예를 들어 40kg인 사람이 올라가면 "당신의 몸무게[23]는 40kg입니다." 라고 말하는 저울이었다.

어느 날 90kg이나 되는 한 아주머니가 올라갔을 때 최신저울이 말했다.

"일인용(一人用)입니다. 한 사람은 내려가 주세요."

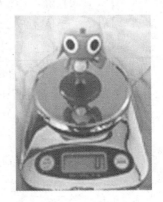

## 한국말을 몰라서

지난해 여름 나는 처음으로 한국을 방문했다.

대학에서 몇 학기 동안 한국어 강의(講義)를 들었기 때문에 한국에 가 보고 싶었고, 또 내가 머릿속 지식(知識)으로만 알고 있는 한국을 내 눈으로 확인(確認)해 보고 싶었다.

그렇지만 무엇보다도[24] 내가 한국을 방문하고 싶었던 이유는 내 한국어 실력(實力)으로 한국 여행을 해 보겠다는 욕심(慾心) 때문이었다.

사실 나는 교실에서 한국어 실력에 대한 자신(自信)이 있었다. 하지만 한국에 가 보니 그게 아니었다. 한 마디[25] 실수(失手)로 나의 자신감(自信感)은 사라져[26] 버렸다.

한국에 도착한 후 나는 우선[27] 몇 가지 필요한 물건이 있었다. 그래서 나는 물건을 사러 여관(旅館) 앞에 있는 가게로 갔다.

가게는 작았지만 여러 가지가 쌓여[28] 있어서 주인(主人)이 아니고서는 물건을 찾을 수가 없었다.

나는 한국말로 치약 하나를 달라고 했다.

---

23 몸무게 体重
24 무엇보다도 比什么都……，最重要的是
25 마디 句
26 사라지다 消失，隐没
27 우선 首先，先
28 쌓이다 被堆，被垒；堆积，积累

나이가 50쯤 되어 보이는 주인아주머니는 눈을 크게 뜨[29]고, "쥐약[30]이요? 쥐가 있어요?"라고 물으면서 나를 자세(仔細)히 살펴보[31]았다.

그러면서 "쥐약은 없는데요. 그런 것은 약국으로 가 보세요."라고 했다.

아주머니는 나를 아주 이상하게 보는 것 같았다.

"쥐가 있으면 여관 주인에게 말하지……."

그제야 나는 내 발음이 정확(正確)하지 않았다는 것을 알았다.

'맞아! 선생님께서 나보고[32] 'ㅈ'과 'ㅊ'을 구별(區別)하지 못한다고 하셨지. 모음도 정확하지 않고.'

그 아주머니는 내가 쥐약을 먹고 자살(自殺)하려고 하는 것인지 우려(憂慮)해서 나를 자세히 보셨던 모양이다. 그 이상해하던 모습을 생각하면 지금도 부끄럽다[33].

그러나 나는 그 실수 이후 쥐약과 치약, 'ㅈ'과 'ㅊ'을 한국 사람처럼 정확하게 말할 수 있게 되[34]었다.

## 한국영어의 위대성(偉大性)

한 한국 관광객(觀光客)이 미국을 여행하다가 큰 교통사고(交通事故)를 당했[35]답니다.

한국 사람은 피를 흘리[36]며 쓰러졌[37]고 많은 사람들이 사고 현장(現場)으로 몰려들[38]었습니다.

---

29 눈을 크게 뜨다 睁大眼睛
30 쥐약 老鼠药
31 살펴보다 查看，观察
32 -보고 （跟在体词后，表示行动的对象）对……，给……
33 부끄럽다 害羞，羞愧，内疚
34 -게 되다 （用于谓词词干之后，表示动作或状态的变化）变得……了；……上了
35 당하다 遭受，遭到，碰到
36 흘리다 流，使流
37 쓰러지다 倒，倒下
38 몰려들다 涌进，蜂拥而至

잠시 후 신고[39](申告)를 받고 온 미국 경찰이 급히 달려와[40]
"How are you?" 라고 물었더니
한국 사람이 피를 흘리며 힘겹[41]게 대답했더랍니다.
"Fine, thank you. And you?"

## 거울[42] 속의 첩(妾)

사람들이 아직 거울을 잘 몰랐을 때의 이야기입니다.

어떤 사람이 서울에 가서 거울을 사 가지고 집으로 돌아왔습니다. 그 사람은 거울을 옷장[43] 속에 넣어 두고 아침저녁으로 꺼내[44]서 봤습니다.

하루는 아내가 그 모습을 보고 이상하게 생각했습니다. 그래서 아내는 남편이 없는 사이[45]에 옷장 속에서 거울을 꺼내 봤습니다. 아내는 깜짝 놀랐[46]습니다. 그 거울 속에 젊고 예쁜 여자의 얼굴이 있었기 때문입니다.

아내는 거울을 들고 시어머니께 가서 말했습니다.

"남편이 서울에 가서 젊은 첩을 데리[47]고 왔어요. 그 젊은 첩이 이 속에 있어요. 좀 보세요." 하고 거울을 시어머니께 보여 드렸습니다.

---

39 신고 申报，举报
40 달려오다 跑过来
41 힘겹다 吃力，费劲，艰难
42 거울 镜子
43 옷장 衣柜
44 꺼내다 掏出，拿出，抽
45 사이 间距；工夫，空儿；（人与人的）关系
46 깜짝 놀라다 大吃一惊
47 데리다 带领，带，领

거울을 본 시어머니도 깜짝 놀랐습니다. 그리고 "애야, 이건 네 남편의 첩이 아니고 네 시아버지의 첩이구나!" 하고 말했습니다.

그때 마침⁴⁸ 시아버지가 들어왔습니다.

"아니, 왜들 그래?"

시어머니는 시아버지에게 물었습니다.

"여보, 당신 어떻게 된 일이에요? 당신 나 몰래⁴⁹ 웬⁵⁰ 늙은 여자를 집에 데려다 놓았어요? 누구예요? 언제 데리고 왔어요? 빨리 말해요."

시아버지는 거울을 봤습니다.

"아니 이 늙은 영감⁵¹은 누구야? 당신 언제부터 나 모르게 이 영감을 만났어? 어떤 놈⁵²이야?"

아내가 다시 거울을 봤습니다. 틀림없⁵³는 남편의 첩이었습니다.

"아니에요. 아버님, 그게 아니에요. 그 속에는 예쁘고 젊은 여자가 하나 있어요."

"젊은 여자라니⁵⁴? 아니야, 어떤 늙은 여자가 나한테 소리를 질렀어⁵⁵." 시어머니는 말했습니다.

모두 서로⁵⁶ 거울을 빼앗⁵⁷으려 했습니다.

거울은 땅에 떨어져⁵⁸ '쨍그랑⁵⁹' 소리를 내면서 깨졌⁶⁰습니다.

---

48 마침 正好, 恰巧
49 몰래 偷偷地, 悄悄地
50 웬 哪来的, 干什么的, 什么
51 영감 老头儿, 老叟
52 놈 家伙
53 틀림없다 没错, 毫无疑问, 毋庸置疑
54 -(이)라니 (终结词尾, 用在体词后, 表示"疑问", 含有"吃惊"或者"不满意, 不以为然"的意思) 你是说……吗?
55 소리를 지르다 叫, 喊叫, 叫嚷
56 서로 互相
57 빼앗다 抢夺, 霸占
58 떨어지다 掉, 落
59 쨍그랑 啪嚓
60 깨지다 碎, 碎裂

## 아내와 남편

부부가 외출(外出)했는데, 앞서[61] 가던 남편이 무단 횡단[62](無斷橫斷)을 했다. 깜짝 놀란 트럭[63] 운전사가 남편에게 소리를 질렀다.
"이 바보 멍청이[64], 얼간[65] 머저리[66], 등신[67]아! 길 좀 똑바로 건너[68]."
이 말을 들은 아내가 남편에게 물었다.
"당신 아는 사람이에요?"
"아……아니. 처음 보는 사람인데."
"그런데, 어떻게 당신에 대해 그렇게 잘 알아요?"

---

61 앞서 先，前；上次
62 무단 횡단 违规横过马路
63 트럭 [truck] 货车
64 멍청이 二百五，傻瓜
65 얼간 笨蛋
66 머저리 蠢材，草包
67 등신 傻瓜，笨蛋
68 건너다 渡，涉；越过

# 명작 감상

## 알라딘[69]의 램프[70]

인도(印度)의 한 작은 마을에 알라딘이라는 젊은이가 살고 있었어요.

어느 날, 한 마법사(魔法師)가 알라딘을 찾아왔어요.

마법사가 말했어요.

"저 동굴(洞窟) 속에 있는 램프를 가져오시오.[71] 그러면 돈을 주겠소.[72]"

마법사는 알라딘을 동굴 안으로 밀어 넣[73]었어요.

알라딘은 안으로 들어가 램프를 잡았어요.

그러고 나서 소리쳤[74]지요.

---

69 알라딘 [Aladdin] 阿拉丁
70 램프 [lamp] 灯
71 -오 对等阶终结词尾，用于陈述形、命令形、疑问形、劝诱形。
72 -소 对等阶终结词尾，用于陈述形、命令形、疑问形。
73 밀어 넣다 推进去，塞进去
74 소리치다 叫，叫唤

"나 좀 꺼내[75] 주세요! 램프를 찾았어요!"
그러나 마법사는 알라딘에게 돈을 한 푼[76]도 주고 싶지 않았어요. 그래서 이렇게 말했어요.
"램프부터 주시오. 그렇지 않으면 가 버릴 테요!"
알라딘은 무서웠어요.
그는 나가려고 이렇게도 해 보고 저렇게도 해 보았어요.
이윽고[77] 알라딘은 램프를 우연(偶然)히 문지르[78]게 되었어요.
그러자 갑자기 한 거인(巨人)이 램프에서 나왔어요.
그리고 거인은 말했어요.

"주인님, 무엇을 도와 드릴까요?"
알라딘은 매우 놀라[79]서 말했어요.
"나를 나가게 해[80] 준 다음 집에 데려다 줘요."
"무엇이든지[81] 원하는 대로[82] 해 드리지요. 주인님!"
거인은 알라딘을 집으로 데려다 주었어요.
거인은 알라딘이 원하는 것은 무엇이든지 해 주었어요.
알라딘은 부자가 되었지요.
어느 날, 집으로 오는 길에 알라딘은 아름다운 여인을 보았어요.
그 여인은 공주(公主)였답니다.
"정말 아름답구나!"
알라딘은 공주를 사랑하게 되었어요.
그날 이후, 알라딘은 공주 생각뿐[83]이었어요. 하루 종일 말이에요.
알라딘은 공주의 아버지를 찾아갔어요.

---

75 꺼내다 掏出，拿出，弄出去
76 푼 分
77 이윽고 不一会，就快，既而
78 문지르다 摸，揉，搓
79 놀라다 吃惊，惊讶
80 -게 하다 （用于谓词词干之后）让……，使……
81 -든지 无论……，不管……
82 -대로 （用在"-ㄴ,-는,-ㄹ"等后面）和……一样，照……
83 뿐 只是，仅仅

그리고 말했어요.

"폐하(陛下), 저는 폐하의 딸을 사랑합니다. 저는 공주와 결혼하고 싶습니다."

그러나 왕은 알라딘을 좋아하지 않았어요. 그래서 어려운 요구(要求)를 했지요.

"만일⁸⁴(萬一) 나에게 커다란⁸⁵ 성(城)을 지⁸⁶어 준다면 내 딸을 너에게 주마⁸⁷."

다음 날, 알라딘은 커다란 성을 왕에게 보여 주었어요.

"세상에⁸⁸! 정말 아름답군!"

왕은 매우 놀랐고 또 기뻤어요.

알라딘은 공주와 결혼했지요.

마법사는 알라딘에 대해 듣게 되었어요.

그는 성으로 가서 이렇게 소리쳤어요.

"낡⁸⁹은 램프를 주세요. 새 램프를 드립니다. 더 나은⁹⁰ 것을 드려요."

공주는 마법사의 말을 들었어요.

램프의 비밀(秘密)을 알지 못하는 공주는 마법사의 말을 듣고 생각했어요.

'저게 더 좋아 보여! 더 좋은 램프로 바꾸면 알라딘이 좋아할 거야.'

공주는 알라딘의 램프를 마법사에게 주었어요.

마법사는 램프를 문질렀⁹¹어요.

그런 다음 램프의 거인을 이용(利用)해 알라딘에게서 모든 것을 빼앗아 갔⁹²어요. 램프와 성(城), 그리고 공주까지 말이에요!

알라딘은 너무나 놀랐어요.

"안 돼! 어떻게 해야 하지? 어서 마법사를 찾아야

---

84 만일 如果, 万一
85 커다랗다 巨大, 硕大
86 짓다 做, 盖
87 -마 用于动词词干后的基本阶陈述式终结词尾, 时制词尾之后不用, 表示 "约定"。
88 세상에 天哪, 天啊
89 낡다 破, 旧
90 낫다 好
91 문지르다 摸, 揉, 搓
92 빼앗아 가다 夺走, 抢走

해."

알라딘은 마법사에게 갔어요.

푸짐하[93]게 차린[94] 식사를 끝낸 후에, 마법사는 잠을 자고 있었어요.

알라딘은 조심스레[95] 램프를 집어 들[96]었어요.

그는 램프를 문지른 다음 말했어요.

"그를 아주 먼 곳으로 보내 주렴[97]. 다시는 돌아올 수 없도록[98] 말이야."

거인은 마법사를 먼 곳으로 보내 버렸어요.

알라딘은 공주에게 말했어요.

"당신을 다시 데려와서 기뻐요."

공주도 말했지요.

"당신을 다시 보게 되어 기뻐요."

알라딘과 공주는 행복하게 잘 살았답니다.

### 신혼여행(新婚旅行)을 허니문이라고 부르는 이유는?

신혼여행을 허니문이라고도 한다. 영어로는 'honeymoon'이라고 쓴다. 우리말로 말하면 '밀월(蜜月)'이다.

이 말은 바이킹[99]족(族)의 고향인 스칸디나비아[100] 지방에서 나왔다.

---

93 푸짐하다 很丰盛
94 차리다 准备, 置办
95 조심스레 小心翼翼地
96 집어 들다 夹起, 捡起
97 -렴 (对等阶命令式终结词尾, 表示 "命令" 或 "许可") 吧
98 -도록 (用于谓词词干后, 表示 "目标, 方向" 或者 "达到……的程度") 使……, 到……
99 바이킹 [Viking] 维京人 (北欧海盗)
100 스칸디나비아 [Scandinavia] 斯堪的纳维亚

　옛날에 바이킹족은 결혼하면 아이를 가지[101]기 위해 한 달 동안 계속 벌꿀[102] 술을 마셨다. 벌꿀 술이 남자에게 좋기 때문이다.
　이 전통(傳統)에서 나온 말이 '허니문'이다.

---

101 가지다 怀 ( 孩子 ) , 怀孕
102 벌꿀 蜂蜜

# 역사 이야기

## 고구려를 세운[103] 주몽(朱蒙)

고구려(高句麗)를 처음 세운 사람은 주몽이에요. 주몽의 성(姓)은 고(高)씨입니다. 그는 나중에[104] 동명성왕(東明聖王)으로 불리게 되지요.

### 금와왕(金蛙王)의 탄생(誕生)

옛날 부여(夫餘)에는 '해부루(解夫婁)'라는 임금[105]이 있었어요. 해부루 임금님은 여러 가지 법(法)을 만들고, 나라를 아주 엄격(嚴格)하게 다스렸[106]어요.

부여에서는 해마다 축제(祝祭)가 열렸어요. 사람들은 제사(祭祀)를 지낸 후 술과 음식을 배부르게 먹었어요. 해부루도 산에 가서 제사를 지냈어요.

"조상(祖上)님, 저도 자식을 갖게 해 주세요."

해부루가 제사를 끝내고 궁(宮)으로 돌아오고 있었어요. 그때 해부루는 말이 눈

---

103 세우다 建立，建造
104 나중에 回头，以后，最终
105 임금 国王
106 다스리다 治理，管束

물을 흘리107는 것을 보았어요.

"참으로 이상하구나."

말은 하얀 돌을 쳐다보108며 울기 시작했어요.

"누가 저 돌을 치워109 봐라."

한 신하(臣下)가 돌을 치웠어요. 그러자 노란 개구리처럼 생긴 사내아이111가 있었어요.

왕은 환하112게 웃었어요.

"이 아기는 하늘이 선물로 주신 내 아들이다."

해부루는 아기의 이름을 '금와(金蛙)'라고 했어요.

금와는 멋있는 청년(靑年)으로 자랐어요.

해부루가 죽자 금와가 왕이 되었어요.

## 유화(柳花)부인

금와왕이 어느 날 우발수(優渤水)라는 강가113를 지나가114고 있었어요.

그런데 우발수 강가에서 한 아름다운 소녀가 울고 있었어요.

금와는 소녀에게 다가갔115어요.

"당신은 누구십니까?"

"저는 물의 신(神)인 하백(河伯)의 딸 유화라고 하옵116니다. 저는 집에서 쫓겨났117답니다."

"왜 쫓겨났습니까?"

107 눈물을 흘리다 流泪
108 쳐다보다 仰望，瞻仰，凝视
109 치우다 搬，收拾
110 개구리 青蛙
111 사내아이 男孩子
112 환하다 开朗，明朗；明亮，亮堂
113 강가 江边
114 지나가다 经过，走过
115 다가가다 走近，挨近
116 -옵 词尾，用于以辅音开头的其他词尾之前，表示尊敬。
117 쫓겨나다 被赶出来，被赶走

15

"어느 날, 동생들과 함께 산책[118]하다가 하느님의 아들인 해모수(解慕漱)를 만났어요. 그 사람은 저에게 아내가 되어 달라고 했고, 전 그의 아내가 되었어요.

며칠 후 그는 다녀올 곳이 있다고 나간 후 결국[119](結局) 오지 않았어요. 이미 그의 아이를 가진 저는 집에서 쫓겨났습니다."

금와왕은 유화가 불쌍했[120]어요. 그래서 유화를 궁으로 데려왔어요.

## 알[121]에서 깨어난[122] 주몽

유화는 큰 알을 낳[123]았어요. 그러나 금와왕은 이 일을 좋지 않은 일이라고 생각했어요. 그래서 그 알을 버리라고 했어요. 그러나 어떤 동물도 버려진[124] 그 알을 깨뜨리[125]지 않았어요. 금와왕은 다시 유화에게 알을 갖다 주[126]었어요. 유화는 그 알을 따뜻한 곳에 잘 두[127]었어요.

며칠 후 알이 갈라지[128]면서 사내아이가 나왔어요.

그 사내아이는 무럭무럭[129] 자랐어요.

일곱 살이 되자 이 아이는 스스로[130] 활[131]과 화살[132]을 만들었어요. 그리고 혼자 활

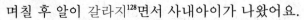

118 산책 散步
119 결국 终究，最终，结果
120 불쌍하다 可怜的，令人怜悯的
121 알 卵，蛋，子
122 깨어나다 醒，清醒；孵出来
123 낳다 生，下
124 버려지다 被扔
125 깨뜨리다 打破，打碎
126 갖다 주다 给，拿给
127 두다 放，搁，保存，保管
128 갈라지다 裂，裂开；分手
129 무럭무럭 茁壮地；（烟、气等）呼呼地，团团地
130 스스로 自己
131 활 弓
132 화살 箭，箭矢

쏘[133]는 연습을 시작했어요.

몇 주(周)가 지나자 백 번을 쏘면 백 번 모두 명중(命中)시킬 수 있는 실력이 되었어요.

이 당시에는 활을 잘 쏘는 사람을 사람들은 '주몽'이라고 불렀어요. 그래서 이 아이도 '주몽'이라고 불렀어요.

### 주몽의 지혜(智慧)

이제[134] 주몽은 청년이 되었어요. 주몽은 힘이 아주 셌[135]어요. 그리고 활도 잘 쏘았어요. 그래서 그는 활로 날아가는 새도 잘 맞추[136]었어요. 주몽은 20살이 되자, 성이 예 씨(禮氏)인 아가씨와 결혼했어요. 그리고 왕궁 마구간(馬廐間)에서 일을 하였어요. 마구간 일을 하던 주몽은 말을 보는 눈이 생겼어요.

어느 날 그는 눈에 띄[137]는 좋은 말을 발견(發見)했어요.

'저 말을 내가 가져야겠다.'

주몽은 이렇게 결심했어요. 그래서 말의 혀에 가시[138]를 꽂[139]았어요.

말은 풀[140]을 먹지 못해서 비쩍 말랐[141]어요.

그 말을 본 왕은 주몽에게 말했어요.

"저 비쩍 마른 말은 네가 갖도록 해라."

---

133 쏘다 射
134 이제 現在
135 세다 强大, 猛
136 맞추다 中，击中；对照，比照
137 눈에 띄다 看见，映入眼帘
138 가시 刺，荆棘
139 꽂다 插
140 풀 草
141 비쩍 마르다 干瘦，枯瘦

주몽은 그 말을 가져와 혀의 가시를 뽑¹⁴²고 잘 돌보¹⁴³았어요. 말은 다시 튼튼해¹⁴⁴졌어요.

금와왕에게는 일곱 명의 아들이 있었어요. 주몽은 부여의 왕자들과 말 달리기, 활쏘기, 칼싸움, 사냥¹⁴⁵ 등을 함께 했어요. 그러나 주몽이 모든 것에서 뛰어나¹⁴⁶ 왕자들이 질투(嫉妬)를 하게 되었어요. 특히 첫째 아들은 기회(機會)가 생길 때마다 주몽을 괴롭혔¹⁴⁷어요. 결국 주몽은 동부여 땅에서 살 수 없게 되었어요. 그는 친한 친구 오이(烏伊), 마리(摩離), 협부(陝父)와 함께 떠나기로 했¹⁴⁸어요.

## 부여를 떠나다

주몽은 어머니와 부인과 이별(離別)하며 말하였어요.
"앞으로 아기가 태어나면 아이를 잘 기른¹⁴⁹ 후 내게 보내주시오. 그 증표¹⁵⁰(證票)로 일곱 모가 난¹⁵¹ 돌 밑에 숨겨둔¹⁵² 것을 찾아 가져오게 하시오."
주몽이 떠나자 왕자들은 그를 추격(追擊)했어요. 강가에 도착한 주몽은 하늘을 향해 빌¹⁵³었어요.
"물의 신이시여, 저를 지켜주¹⁵⁴소서¹⁵⁵."

---

142 뽑다 拔；选拔
143 돌보다 照顾，照料
144 튼튼하다 壮实，结实
145 사냥 打猎
146 뛰어나다 突出，出类拔萃
147 괴롭히다 欺负，为难，刁难
148 -기로 하다（接在动词词干后）决定……
149 기르다 养，抚养
150 증표 证物，信物
151 모가 나다 有棱有角，出角
152 숨겨두다 收藏，隐藏
153 빌다 求，祈求
154 지켜주다 保护
155 -소서（终结词尾，用于谓词词干之后，表示"郑重的拜托或者祝福"）请……，恳请……

주몽의 기도(祈禱)가 끝나자, 물 속에서 많은 물고기와 자라[156]들이 강가로 모였어요.

물고기와 자라들은 모두 모여 강을 건널 수 있는 다리가 되어 주었어요.

주몽이 강을 건넌 뒤 물고기와 자라는 다시 강물 속으로 들어갔어요.

물고기와 자라들이 왜 주몽을 도왔을까요? 바로 강의 신 하백의 딸이 주몽의 어머니잖아요. 그러니까, 주몽은 강의 신의 손자가 되는 거죠.

주몽은 압록강(鴨綠江) 근처의 한 지역을 수도(首都)로 정하고 나라를 세웠어요. 그리고 나라의 이름을 '고구려'라고 지[157]었답니다. 그리고 이때 주몽은 자신의 성을 '해(解)'에서 '고(高)'로 바꾸었어요.

### 주몽의 아들 유리(琉璃)

주몽은 임금이 된 지 14년째 되는 해에 유화 부인이 숨을 거두[158]었다는 슬픈 소식을 들었어요.

'아이는 잘 자라고 있는지…….'

한편[159], 동부여에서는 주몽의 아내가 청년이 된 주몽의 아들 유리에게 그동안의 이야기를 들려주[160]었어요.

"네가 지금까지 아버지가 없다고 놀림을 받[161]아 왔지만, 사실은 그렇지 않다. 네 아버지는 고구려를 세운 주몽 임금님이시다.

---

156 자라 鳖, 甲鱼
157 짓다 起 ( 名 ) ; 造
158 숨을 거두다 ( 婉辞 ) 咽气, 断气
159 한편 另一方面, 同时
160 들려주다 讲, 给……听
161 놀림을 받다 受人指责, 受人指点

이곳 왕자들의 괴롭힘 때문에 여기를 떠나셨을 때, 네가 다 자라거든[162] 당신[163]께 보내라 하셨다.

이제 때가 된 것 같구나."

유리는 집 기둥[164]을 받치고[165] 있는 일곱 모가 난 주(柱)춧돌[166] 밑에서 동강 난[167] 칼을 찾았어요.

"이것은 네 아버지께서 아끼[168]시던 비수(匕首)의 한 도막[169]이구나."

동강 난 칼을 본 예씨 부인은 눈물을 흘렸어요.

주몽을 만나게 된 유리는 동강 난 칼을 주몽 앞에 내놓[170]았어요. 주몽은 동강 난 칼을 자신의 칼과 맞추어 보고는, 정확(正確)하게 맞[171]는 것을 보고서 유리의 손을 덥석 잡[172]았어요.

"그래, 네가 내 아들이로구나!"

18년 만에 처음으로 아버지와 아들이 만난 것이었어요.

이윽고, 시간이 흘러 주몽이 죽고 유리가 고구려 두 번째 임금이 되었어요. 유리왕은 아버지를 묻고 돌무덤[173]을 만들어 왕이 살았을 때 쓰던 물건을 함께 묻었어요. 유리왕은 죽은 아버지를 '동명성왕(東明聖王)'이

---

162 -거든（用于谓词词干或 "-았"，"-겠"，"-시" 之后）要是……的话，要是……
163 당신 您；（他）自己
164 기둥 楹，柱；栋梁，台柱
165 받치다 托，支；衬，
166 주춧돌 础石，奠基石
167 동강 나다（细长物）断，折断
168 아끼다 爱惜，珍惜；节省
169 도막 段，块，片
170 내놓다 摆出来，拿出来；露出
171 맞다 合适，吻合
172 덥석 잡다 猛然抓住
173 돌무덤 石墓

라고 하여 그의 공(功)을 기렸[174]어요. 그 이후로 고구려는 해마다 10월이 되면 동명성왕과 유화 부인을 기리는 제사를 지냈답니다.

동명성왕릉(東明聖王陵)

---

174 기리다 追忆，缅怀；褒奖，赞誉

# 2 부

## 인간 극장

### 거북이와 토끼

옛날 옛날에 토끼와 거북이가 살았습니다.

토끼: 안녕! 난 이 세상에서 가장¹ 빠른 토끼야.

거북이: 안녕! 나는 세상에서 가장 느린² 거북이야.

거북이는 엉금엉금 기어가³고 있었습니다. 토끼가 깡충깡충⁴ 뛰어가다가 거북이를 보고 말했습니다.

"얘, 거북아. 너는 정말이지 걸음이 느리구나. 어째서⁵ 빨리 걷지를 못하니?"

토끼는 거북이를 놀렸⁶습니다.

거북이는 화가 나⁷서 말했습니다.

"바보 같은 소리 마. 나는 너보다 느리지 않아."

---

1 가장 最
2 느리다 慢，迟，缓
3 엉금엉금 기어가다 慢腾腾地爬
4 깡충깡충 蹦蹦跳跳地
5 어째서 为什么，怎么，干什么，做什么
6 놀리다 取笑，耍
7 화(가) 나다 发火，生气

"그럼 누가 진짜 빠른지 경주(競走)해 볼까?"
"그래, 좋아! 해 보자."
"그것참 재미있겠다. 그럼 저기 산꼭대기⁸에 있는 나무까지 누가 먼저⁹ 가는지 내기하¹⁰자."
"좋아, 그렇게 하자."
토끼: "준비, 시~~~작!"
[행동(行動): 토끼는 빨리 가고 거북은 느릿느릿]
"하하하, 재미있다. 느림보¹¹ 거북아, 빨리 와."
토끼는 거북이를 놀리면서 신나¹²게 뛰어갔습니다.
"음, 근데 거북이는 어디쯤 오고 있을까?"
자신만만(自信滿滿)한 토끼는 뒤를 돌아보았습니다.

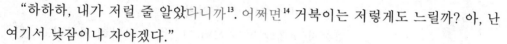

거북이는 엉금엉금 기어오고 있었습니다.
"하하하, 내가 저럴 줄 알았다니까¹³. 어쩌면¹⁴ 거북이는 저렇게도 느릴까? 아, 난 여기서 낮잠이나 자야겠다."
거북이는 부지런히¹⁵ 기어가서 산꼭대기에 도착했습니다.
"와! 다 왔다. 휴¹⁶, 힘들다."
거북이는 기뻐했습니다.
그때 토끼가 잠에서 깼습니다.
"음, 잘 잤다. 앗, 거북이 어디 갔지?"
놀란 토끼는 산꼭대기를 쳐다봤습니다.
"앗! 아니 이럴 수가! 내가 거북에게 지¹⁷다니¹⁸!"

---

8 산꼭대기 山顶，山巅
9 먼저 先，首先
10 내기하다 打赌
11 느림보 慢慢腾腾的人，慢性子
12 신나다 开心，兴高采烈
13 -다니까（对等阶终结词尾，表示"主张"）我不是都说过……了嘛
14 어쩌면 为什么，不知怎么搞的；说不定
15 부지런히 勤劳地
16 휴 哎，哎哟（语气词）
17 지다 输
18 -다니（用于动词、形容词词干之后的不定阶叙述式，表示"意外，惊叹"）竟然，竟然说……

토끼는 너무 슬퍼서 눈물을 흘렸습니다.
토끼는 뒤늦[19]게 자기가 게으름 부린[20] 것을 후회(後悔)하였답니다.

### 거북이의 비밀

어느 날 토끼가 거북이에게 달리기 시합을 벌이[21]자고 제안(提案)했다.
경기(競技)가 시작되었고, 토끼는 옛날의 실수를 범(犯)하지 않기 위해 쉬지 않고 정말 부지런히 달렸다.
그런데 이게 어떻게 된 일인가!
결승점(決勝點)에는 이미 거북이가 도착해 기다리고 있는 게 아닌가.
"아니, 대체[22] 이거 어떻게 된 일이지?"
토끼가 도무지[23] 못 믿겠다는 표정(表情)을 짓자 거북이가 이렇게 말했다.
"사실, 난 닌자 거북이[24]야."

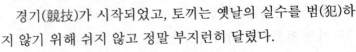

## 잘 먹고 잘 사는 법(法)

옛날 어떤 왕이 백성들이 잘 먹고 잘 살 수 있는 비결(秘訣)을 정리(整理)한 책

---

19 뒤늦다 晚, 迟
20 게으름을 부리다 耍懒, 懒惰
21 시합을 벌이다 展开竞赛
22 대체 (=도대체) 到底, 怎么
23 도무지 全然, 根本, 完全
24 닌자 거북이 忍者神龟

을 만들기로 했습니다.

   신하들은 왕의 명(命)을 받은 후 오랜 세월을 연구한 끝에 드디어[25] 잘 먹고 잘 살 수 있는 비결을 담[26]은 13권의 책을 만들었어요.

   책을 읽어 본 왕은

"정말 좋구나, 그런데 내용이 너무 길다. 조금 줄여[27] 보거라." 라고 지시(指示)했습니다.

   그래서 신하들은 머리를 짜[28]고 또 짜서 13권짜리 책의 내용을 단(單)[29] 한 권의 책으로 줄이는 데 성공했지요.

   이번에도 왕은 책의 내용은 마음에 들지만 분량(分量)이 너무 많다며 조금 더 줄여보라고 말했습니다.

   또 신하들은 노력 끝에 잘 먹고 잘 사는 법을 한 페이지에 정리했어요.

   그런데 한 페이지짜리 잘 먹고 잘 사는 법을 읽은 왕은 이번에는 그것을 단 한 줄[30]로 줄여보라고 명했습니다.

   신하들은 난감(難堪)하[31]기만 했지만 지엄(至嚴)하신 왕의 명을 따를[32] 수밖에 없었기에[33] 계속 연구했습니다.

   그리고 드디어 '잘 먹고 잘 사는 법'을 단 한 줄로 정리하는 데 성공했지요.

   그 한 줄의 내용이란 다음과 같습니다.

"세상에 공짜[34]는 없다."

---

25 드디어 终于, 总算
26 담다 盛, 装
27 줄이다 裁减, 缩短, 减少
28 머리를 짜다 费尽心机
29 단 只, 单
30 줄 行
31 난감하다 为难, 难堪, 尴尬, 难为情
32 따르다 跟随, 遵从, 按照
33 -기에 ( 连接词尾, 用于谓词词干或体词的谓词形之后, 表示 "原因, 理由" ) 因为
34 공짜 不花钱的, 白来的

## 이런 면접[35]도 있습니다

어느 유명 호텔에서 신입사원[36]을 모집(募集)했다.

응시자(應試者) 중 10명만 최종(最終) 면접을 볼 수 있었다. 한 젊은이도 최종 면접을 보게 되었다.

그는 대학을 방금 졸업한 청년이었다. 그는 마음이 두근거리[37]면서 시험장에 들어갔다.

그런데 갑자기 호텔 사장이 그를 껴안[38]는 것이었다. 그러면서 그는 웃는 얼굴로, "드디어 찾았어. 지난주에 호수 공원(湖水公園)에서 내 딸을 구(救)한 젊은이가 바로 이 사람이야. 이름도 밝히[39]지 않고 가 버리더니 여기서 만나다니!" 라고 말했다.

뜻밖에[40] 온 행운(幸運)에 젊은이는 망설였[41]다. 하지만 그는 잠시(暫時) 생각한 후 사장에게 말했다.

"아닙니다. 잘못[42] 보셨습니다. 지난주에 저는 공원에 가지 않았습니다."

합격자(合格者)를 발표하는 날.

젊은이의 이름이 그 명단(名單)에 있었다. 젊은이는 출근하여 일하던 중 우연히 만난 사장 비서(秘書)에게 물었다.

"사장님의 딸을 구한 분은 찾았습니까?"

그러자 비서는 이렇게 말했다.

"딸이라니요? 사장님에게는 딸이 없습니다."

---

35 면접 面试
36 신입사원 新入社员，新职员
37 두근거리다 跳动，扑腾，怦怦跳，忐忑
38 껴안다 搂，搂抱
39 밝히다 阐明，指明，指出
40 뜻밖에 意外地，出乎意料地
41 망설이다 犹豫，踌躇
42 잘못 错误，错；错误地

 세상은 요지경

### 사람의 몸[43]에서 가장 무거운 부분은?

남성과 여성 중 여성이 훨씬[44] 더 물에 뜨[45]기 쉽다. 체지방(體脂肪)이 많기 때문이다.

실제로 체중(體重)이 많이 나가는 비만 체형(肥滿體型)인 사람은 언뜻[46] 보기에 가라앉[47]을 것 같아도 사실은 물에 잘 뜬다.

그러나 그런 사람의 몸에도 물에 가라앉는 부분이 있다. 치아(齒牙)다.

치아는 물보다 훨씬 무겁기 때문에 따로[48] 물에 넣으면 당연(當然)히 가라앉는다.

## 형님 댁의 보물(寶物)

두 형제가 한 동네[49]에 나란히[50] 집을 짓고 살았습니다.

형님네 집은 항상 웃음소리[51]가 떠나지 않는 화목(和睦)한 가정(家庭)인데 동생네 집에서는 싸우는 소리가 자주 들렸습니다.

---

43 몸 身体
44 훨씬 更, 更加, ……得多
45 물에 뜨다 漂浮
46 언뜻 猛然
47 가라앉다 沉, 下沉, 平静
48 따로 另外, 不一块儿
49 동네 村里, 小区
50 나란히 并排着, 整齐地
51 웃음소리 笑声

'우리 집은 그렇지 못한데 형님 댁은 어떻게 늘[52] 웃음소리가 들리는지 알 수가 없네…….'

동생은 늘 궁금하[53]게 생각했습니다.
'재산(財産)도 아버지께서 돌아가신 후 형님과 내가 똑같이[54] 받았고 형님은 식구가 나보다 더 많은데……. 아무래도[55] 무슨 보물을 숨겨 놓[56]고 계신 모양이야. 가서 보물을 나누어 갖자고 해야지.'
동생은 이렇게 생각하고 형님 댁을 찾아갔습니다.
"어서 와."
형님이 동생을 반갑게 맞[57]아 주었습니다. 그런데 형님은 길이[58]가 짧은, 이상하게 생긴 바지를 입고 있었습니다.
"바지 모양이 왜 그렇습니까? 긴 바지도 아니고 짧은 바지도 아니고 이상하군요."
동생이 말했습니다.
"허허, 그럴 이유가 있지." 형님은 껄껄[59] 웃었습니다.
"내가 어제 시장에서 바지 하나를 샀지. 집에 와서 보니까 길이가 너무 길지 않겠어? 그래서 저녁을 먹으면서 식구들 앞에서 바지를 5cm쯤 줄여야겠다고 말했지."
"그게 5cm 줄이신 겁니까? 15cm쯤 줄이신 것 같은데요."
"그런데 아침에 보니까 이렇게 많이 줄[60]어 있잖아."
"그럼 형수(兄嫂)님은 5cm가 어느 정도[61]인지도 잘 모르신다는 말씀입니까?"

---

52 늘 总是，常
53 궁금하다 想知道，惦念
54 똑같이 完全一样，一模一样
55 아무래도 不管怎么说，不管怎么样
56 숨겨 놓다 藏着
57 맞다 迎接
58 길이 长度，长短
59 껄껄 呵呵，哈哈(大笑的声貌)
60 줄다 减少，减轻
61 어느 정도 什么程度；一定程度

"아니지, 형수는 분명(分明)히 5cm만 줄였지."
"그럼 10cm는요? 누가 줄였어요?"
"5cm는 큰딸이 줄였고 또 5cm는 둘째 딸이 줄인 거야. 딸이 둘이니까 다행⁶²(多幸)이지. 하나 더 있었다면 이 바지는 아마 더 위로 올라갔을 거야. 허허허."
"형님도 참 웃음이 나오네요⁶³. 저 같으면 야단을 치⁶⁴겠습니다."

"허허, 너는 하나는 알고 둘은 모르는구나. 바지는 이렇게 됐지만 제 어머니를 도우려고 큰딸이 먼저 줄여놓은 것을 어떻게 잘못이라고 할 수 있겠나?
또 집안일에 바쁜 어머니와 학교 시험 준비에 바쁜 언니를 도우려고 둘째가 줄여 놓은 것을 어떻게 잘못이라고 할 수 있겠나?
하루 일이 끝나고 피곤해서 잠이 들⁶⁵었다가 바지 생각이 나서 눈을 비비⁶⁶며 5cm를 더 줄여 놓은 네 형수에게 어떻게 잘못을 말할 수 있겠어? 안 그래?"
그제야 동생은 고개를 끄덕였⁶⁷습니다.
동생은 바로 시장에 가서 바지 하나를 샀습니다. 그리고 저녁을 먹을 때 식구들을 보고 바지가 10cm쯤 길다고 말했습니다.
이튿날⁶⁸ 아침 바지를 입어 보니까 바지가 그대로⁶⁹ 있었습니다. 동생은 화가 나서 아내에게 소리를 쳤습니다.
"왜 바지를 아직까지 줄여 놓지 않았어?"
"얘, 영숙아, 아버지 바지 왜 안 줄였니?"
아내가 큰딸을 야단쳤습니다.

---

62 다행 幸득, 幸好
63 -네요 接于谓词后, 表示对已知事实内容的感叹。
64 야단을 치다 责骂, 批评
65 잠이 들다 入睡
66 눈을 비비다 揉眼, 拭目
67 고개를 끄덕이다 点头
68 이튿날 第二天
69 그대로 原样, 原封不动地

"얘, 경숙아, 아버지 바지 왜 안 줄였니? 왜 시키는 일을 안 하는 거야?"

큰딸이 동생에게 야단을 쳤습니다.

"숙제가 많아서 못했어."

둘째 딸은 문을 '쾅' 닫고 나갔습니다.

동생은 한숨을 쉬[70]며 중얼거렸[71]습니다.

"형님 댁의 보물을 이제야 알겠다."

---

70 한숨을 쉬다 叹气, 叹息
71 중얼거리다 念叨, 嘟囔, 自言自语

# 명작 감상

## 피노키오[72]

### 제퍼트 할아버지와 피노키오

혼자 꼭두각시[73] 인형을 만들며 사는 제퍼트 할아버지가 있었어요.

제퍼트 할아버지는 '피노키오'라는 나무 인형을 만들었어요.

피노키오는 신기(神奇)하게도 사람처럼 움직이[74]며 말도 할 수가 있었어요.

"할아버지 말 잘 듣고, 학교에 가서 공부를 하면, 진짜 사람이 될 수 있단다[75]."

피노키오는 진짜 사람이 되려고 학교에 다녔어요.

---

72 피노키오 [Pinocchio] 皮诺曹

73 꼭두각시 木偶；傀儡

74 움직이다 动，动弹

75 －단다 （陈述式基本阶终结词尾，用于谓词词干后。用于动词词干后时，需有时制词尾）1. 表示"劝告" 2. 表示"略微自夸" 3. 表示"传达"

### 인형극단(劇團)에서

어느 날 학교에서 돌아오는 길에 '둥둥' 북[76]소리가 들렸어요.
"아, 인형극단이다."
피노키오는 학교에도 가지 않고 인형극단을 따라갔어요.
"야호[77]! 신난다! 공부도 안 하고."
할아버지가 사주신 책을 팔아 인형극을 봤어요.
환한[78] 무대(舞臺)에는 피노키오와 비슷한 춤 추는 여자 인형이 있었어요.
"안녕, 나와 같이 춤추며 놀자."
피노키오는 무대로 올라갔어요.
그러나 피노키오는 춤을 배운 적이 없었어요. 그래서 금방[79] 무대를 엉망[80]으로 만들었어요.
"아니, 이런[81]!"
인형극단 아저씨는 화가 났어요.
"너 때문에 인형극을 망쳤[82]어."
인형극단 아저씨는 여자 인형을 불태워[83] 버리려 했어요.
"아저씨, 아니에요, 제가 잘못했어요."
피노키오는 울며 빌었어요.
"오! 정직(正直)한 아이구나! 착하게 공부하겠다면, 내가 용서하마."
그러면서 금화(金貨) 몇 닢[84]을 주셨어요.
피노키오는 제퍼트 할아버지에게 빨리 돌아가고 싶었어요.
"학교 안 간 것을 사실대로[85] 말씀드리고 용서를 빌어야지."

---

76 북 鼓
77 야호（感叹词，欢呼声）呀咳咴
78 환하다 明亮，亮堂；开朗，明朗
79 금방 立刻，马上；刚才，刚刚
80 엉망 乱七八糟，杂乱无章
81 이런 哎呀，岂有此理
82 망치다 弄坏，搞糟
83 불태우다 烧
84 닢（铜钱）枚
85 사실대로 如实地，从实

## 여우와 고양이를 따라가다

금화 소리를 내며 뛰어가는데, 여우와 고양이가 나타났⁸⁶어요.
"어, 피노키오야, 너 금화를 많이 늘리⁸⁷고 싶지 않니?"
"신기한 나무에 금화를 달⁸⁸면, 그 나무에 금화가 주렁주렁⁸⁹ 달린⁹⁰단다."
"그래? 그럼 나 좀 데려다 줘."
피노키오는 많은 금화를 제퍼트 할아버지에게 드리고 싶었어요. 그러나 여우와 고양이는 금화는 매달⁹¹지 않고 피노키오를 매달고 도망(逃亡)갔어요.

## 요정⁹²과의 약속

한참⁹³ 후, 눈을 뜨⁹⁴니 낯선⁹⁵ 방이었어요.
"피노키오야, 어떻게 된 거니? 학교에 갔었니?"
"예."
그런데 갑자기 코가 늘어났⁹⁶어요.
"그럼 책은?"
"친구 빌려줬어요."
그러자 코가 더 길게 늘어났어요.

---

86 나타나다 出现
87 늘리다 使增加, 使增长
88 달다 挂, 安装
89 주렁주렁 一嘟噜一嘟噜地
90 달리다 挂
91 매달다 系, 挂
92 요정 精灵
93 한참 半天, 老半天, 大半天
94 눈을 뜨다 睁眼
95 낯설다 陌生
96 늘어나다 变长, 增加

"엉엉, 다시는 거짓말 하지 않을게요."
그러자 코가 점점(漸漸) 작아졌어요.
피노키오는 요정(妖精)에게 말했어요.
"요정님, 다시는 거짓말 안 하고 착하게 살게요."
"피노키오, 이젠 착한 아이가 되어야 한다."
피노키오는 요정과 약속하고 길을 떠났어요.

## 당나귀⁹⁸가 되다

이때, 마차(馬車) 한 대가 지나가고 있었어요.

"피노키오야, 우리와 같이 장난감⁹⁹ 나라로 가서 놀자."

피노키오는 '그래 뭐 잠시만 놀지.' 라고 생각했어요.

장난감 나라의 어린이들과 피노키오는 매일 신나게 놀기만 했어요.

어느 날 잠에서 깨어난 피노키오는 깜짝 놀랐어요. 양쪽 귀에는 아주 큰 귀가 나 있고 다리는 네 개가 되었어요. 또 궁둥이¹⁰⁰에 꼬리¹⁰¹가 생겨 당나귀가 되었어요.

매일매일 힘든 일을 하며 채찍¹⁰²으로 맞¹⁰³았어요.

## 할아버지와의 재회(再會)

힘든 일을 한 피노키오는 병이 들어 바다에 버려졌어요.

---

97 엉엉 呜呜
98 당나귀 驴
99 장난감 玩具
100 궁둥이 屁股，臀部
101 꼬리 尾巴
102 채찍 鞭子
103 맞다 挨打

그런데 큰 상어[104]가 피노키오를 삼켜[105] 버렸어요.
상어 뱃속의 피노키오는 불빛[106]을 발견했어요.
"어? 제퍼트 할아버지!"
할아버지는 피노키오를 찾으러 바다에 왔다가 상어에게 잡아먹혔던 거예요.
"할아버지, 정말 착한 아이가 될게요."
상어가 하품하[107]는 틈을 타[108] 피노키오는 할아버지를 등에 업[109]고 헤엄쳐[110] 집에 돌아왔어요.
그리고 매일 열심히 공부하며 착하게 살았어요.

### 진짜 어린이가 되다

어느 날 밤 꿈에 요정이 나타나서,
"피노키오, 이젠 정말 착한 아이가 되었구나." 하며 마술(魔術) 지팡이를 흔들[111]었어요.
잠에서 깨어난 피노키오는 거울 앞에 섰어요.
"오! 피노키오야, 정말 사람이 되었구나!"
피노키오와 제퍼트 할아버지는 너무 기뻤어요. 그래서 서로 얼싸안[112]고 춤을 추었어요.

---

104 상어 鲨鱼
105 삼키다 吞下, 咽下
106 불빛 火光, 灯光
107 하품하다 打哈欠
108 틈을 타다 趁机
109 등에 업다 背在背上
110 헤엄치다 游泳
111 지팡이를 흔들다 摇动拐杖
112 얼싸안다 拥抱

### 인기 있는 사람을 왜 스타라고 부를까?

연예계(演藝界)나 스포츠계에서 활약(活躍)하고 있는 사람을 '스타(star, 별)'라고 부른다.

하지만 왜 하필[113](何必) 태양이나 달이 아닌 '별'일까? 하늘에 떠[114] 있는 것이라면 태양이나 달이 훨씬 큰데.

사실 이 '스타'라는 말은 밤하늘의 별과는 직접적(直接的)인 관계가 없다.

옛날에 유럽이나 미국 연예계에서는 인기가 가장 많은 배우, 특히 여배우가 무대에서 제일

가까운 대기실(待機室)을 사용했다. 그리고 그 사실을 알기 쉽도록 입구(入口)에 별 표시(標示)를 해 두었다.

이것이 '스타'라는 말이 태어난 경위(經緯)다.

---

113 하필 怎么搞的，何必
114 뜨다 漂，浮，升

# 2부 역사 이야기

## 백제(百濟)를 세운 온조(溫祚)

　백제의 시조(始祖)는 온조입니다. 온조는 고구려의 왕인 주몽의 아들입니다.
　주몽이 나라를 첫째 아들인 유리(琉璃)에게 물려주[115]려고 하자, 둘째 왕자 비류(沸流)와 셋째 왕자 온조는 다른 땅으로 가서 나라를 세우려고 떠났습니다.
　이때 열 명의 신하(臣下)들과 많은 백성들이 두 왕자의 뒤를 따랐습니다.
　두 왕자는 오늘날의 한강유역(漢江流域)까지 내려가 발길[116]을 멈추[117]게 되었습니다.
　온조는 위례(慰禮, 오늘날의 서울특별시 강동구(江東區) 근처) 지역이 마음에 들었습니다.
　그러나 형 비류의 생각은 달랐습니다. 비류는 바닷가인 미추홀(彌鄒忽, 오늘날의 인천광역시 부근) 지역이 마음에 들었습니다.
　두 왕자는 서로 뜻이 같지 않아 온조 왕자는 위례 지역에 머무르[118]고 비류 왕자

---
115 물려주다 传, 传给
116 발길 脚步, 步
117 멈추다 停, 停止
118 머무르다 留, 住, 待, 停留

는 미추홀 지역으로 향했습니다.

　　온조는 열 명의 신하들과 함께 그곳에 도읍(都邑)을 정했습니다. 그리고 나라 이름을 열 명의 신하를 뜻하는 열 십(十) 자를 따[119]서 '십제(十濟)'라고 지었습니다.

　　한편[120] 미추홀 지역으로 간 비류는 곧 백성들의 원망[121](怨望)을 듣게 되었습니다.

　　그 땅은 물이 짜고 습기(濕氣)가 많아 나라를 세울 만한[122] 곳이 못 되었기 때문입니다.

　　할 수 없이 비류는 백성들을 데리고 온조가 있는 위례성으로 왔습니다.

　　온조는 형 비류를 반갑게 맞이했[123]지만 비류는 동생 보기가 부끄러워 그만[124] 자살(自殺)하고 말[125]았습니다.

　　온조는 나라 이름을 백성(百姓)의 백 자를 따서 '백제'라고 고쳤습니다.

　　그리고 임금이 된 온조는 백제를 넘보[126]는 마한(馬韓) 같은 나라를 정복(征服)하면서 그 세력(勢力)을 점차[127] 넓혀 나갔습니다.

---

119 따다 采，摘；采用，采取，仿效
120 한편 另一方面，同时
121 원망 埋怨，抱怨，不服气，怨
122 -만하다（跟在动词后，常以 "-ㄹ/을 만하다" 的形式使用）值得……；和……一样的程度
123 맞이하다 迎接
124 그만 就，马上；到此为止
125 말다（用于动词的 "-고，-고야" 形之后，表示 "彻底实现，必定实现"）彻底……，一定……，……（掉）了，……（开）了
126 넘보다 欺负；眼红，眼热
127 점차 渐次，逐步

## 신라(新羅)를 세운 박혁거세(朴赫居世)

### 진한(辰韓) 땅 여섯 마을

옛날 옛적[128] 진한 땅에는 여섯 마을이 있었어요. 진한은 지금의 경주(慶州) 부근에 위치한 곳이었어요. 그리고 그 여섯 마을에는 각각 촌장(村長)들이 있었어요.
여섯 마을의 촌장들은 자주 모여 회의를 했어요. 그러나 으뜸가[129]는 어른[130]이 없어서 서로의 생각이 안 맞으면 싸움이 일어나기도 했어요.
바로 이쯤의 일이었어요.

### 박혁거세, 왕이 되다

기원전(紀元前) 69년 음력 3월 1일, 여섯 촌장들이 자손들을 데리고 언덕[131] 위에 모였어요.
한 촌장이 입을 열었어요.

"능력이 있는 분을 임금님으로 모셔[132] 나라를 세우고 수도를 정(定)하는 것이 좋지 않을까요?"
그러자 모든 촌장들이 좋다고 했어요.
그때, 남쪽 산기슭[133]으로부터 신비(神秘)로운 빛이 보였어요.
그래서 여섯 촌장은 좀 더 높은 곳으로 가서 어디에서 그 빛이 나는지 살펴보았어요.
그곳은 나정(羅井)이라는 우물[134] 근처였어요.

---

128 옛적 古时, 从前
129 으뜸가다 数得着, 首屈一指
130 어른 大人, 大人物, 长辈
131 언덕 丘陵, 坡
132 모시다 侍奉, 伺候
133 산기슭 山麓, 山脚
134 우물 井

여섯 촌장들은 모두 나정으로 달려갔어요.

그곳에 가 보니 흰 말 한 마리가 하늘에서 내려오는 신비로운 빛을 향하여 절을 하[135]고 있었어요.

흰 말은 여섯 촌장을 보더니 한 번 길게 운 다음 하늘로 올라가 버렸어요. 그런데 흰 말이 사라진 곳에는 커다란 자주색[136](紫朱色) 알이 하나 있었어요.

여섯 촌장들이 알을 깨[137] 보니 그 속에 한 사내아이가 있었어요. 단정(端正)하고 씩씩해[138] 보이는 아이였어요.

"하늘이 내리신 아기임이 틀림없다."
"이 아기는 우리의 임금이다."

모두들 신비(神秘)하게 생각했어요. 여섯 촌장들은 사내아이를 동천(東泉) 샘[139]으로 데려가 목욕(沐浴)을 시켰어요.

그랬더니 몸에서 찬란(燦爛)한 빛이 나고 새와 짐승[140]들이 모여들어 춤을 추었어요. 천지(天地)가 진동(震動)하고 해와 달이 더욱더[141] 밝게 빛났[142]어요.

여섯 촌장은 머리를 맞대[143]고 고민(苦悶)했어요.

"박[144]과 같이 생긴 알에서 태어났으니 성을 '박(朴)'이라고 하고 이름을 '혁거세'라고 합시다."

13년 후에 박혁거세는 임금이 되었어요.

---

135 절을 하다 參拜, 下拜
136 자주색 紫色, 绛紫
137 깨다 砸破, 打破
138 씩씩하다 雄赳赳的, 勇壮
139 샘 泉
140 짐승 兽, 兽类, 禽兽
141 더욱더 更加, 越发
142 빛나다 发光, 放光
143 맞대다 面对面, 头碰头
144 박 瓢, 葫芦

## 알영, 왕비(王妃)가 되다

박혁거세가 왕위에 오른 지 4년 뒤에 양산 촌의 알영이라는 우물가[145]에 또다시 이상한 일이 일어났어요.

알영 우물가에서 머리 모양이 닭처럼 생긴 용(龍)이 나타나 옆구리[146]에서 여자아이를 낳고 하늘로 올라간 것이었어요.

그 여자아이의 얼굴은 아주 예뻤지만 입술[147]이 닭의 부리[148]처럼 생겼어요.

사람들이 이 여자아이를 월성(月城) 북쪽에 있는 냇가[149]에 데리고 가서 목욕을 시켰어요.

그랬더니 그 닭의 부리가 떨어졌어요.

이 여자아이가 알영에서 태어났기 때문에 사람들은 여자아이의 이름을 '알영'이라고 지었어요.

알영은 커 가면서 더욱[150] 아름다워졌어요. 나중에[151] 박혁거세는 그녀를 왕비로 삼[152]았어요.

## 신라의 시대(時代)가 열리다

박혁거세는 왕이 된 다음 나라 이름을 '서라벌(徐羅伐)' 또는 '서벌(徐伐)'이라고 지었어요.

'신라'라는 이름이 아주 나중에 붙[153]었으니 박혁거세는 신라의 시조가 된 셈[154]이었어요.

---

145 우물가 井边；小河边
146 옆구리 肋下
147 입술 嘴唇
148 부리 鸟嘴，喙
149 냇가 小河边，溪畔
150 더욱 更，更加
151 나중에 回头，以后，最终
152 삼다 娶，收；当做，看做
153 붙다 贴，粘，产生
154 -셈 (主要以 "-(으)ㄴ 셈이다" 的形式使用) 算，算是

41

박혁거세는 나라를 다스린 지 61년 만에 하늘로 올라갔어요. 박혁거세에게는 아들이 있었는데, 그가 바로 남해왕(南解王)이었어요.

남해왕은 아버지의 뒤를 이어¹⁵⁵ 나라를 잘 다스렸어요.

남해왕은 왕자와 공주를 두¹⁵⁶었어요.

남해왕의 뒤를 이어 왕자가 왕이 되었어요. 그가 바로 유리왕 (儒理王) 이었어요.

유리왕은 여섯 마을의 이름을 고쳤어요. 그는 훌륭한 일을 많이 했어요. 그는 가락국(駕洛國)과 싸워서 승리(勝利)를 거두¹⁵⁷었어요. 하지만 유리왕은 금방 죽고 말았어요.

석탈해(昔脫解)가 그 뒤를 이으며 신라를 이끌¹⁵⁸어 갔답니다.

### 유리왕, 촌장들에게 성씨를 하사(下賜)하다

유리왕은 6부 촌장들에게 신라건국(建國)의 공을 영원히 기리기 위하여 6부의 이름을 고치고 각 촌장들에게 성(姓)을 내려 주었어요.

양산 촌 촌장에게는 이씨 성을,
고허 촌 촌장에게는 최씨 성을,
대수 촌 촌장에게는 손씨 성을,
진지 촌 촌장에게는 정씨(鄭氏) 성을,
가리 촌 촌장에게는 배씨(裵氏) 성을,
마지막으로 고야 촌 촌장에게는 설씨(薛氏) 성을 하사하였답니다.

---

155 잇다 连接，继承
156 두다 有
157 거두다 获得，取得
158 이끌다 拉着，带领，领导

# 3부
## 인간 극장

### 영리(伶俐)한 까마귀[1]

어느 무더운 여름날이었습니다.

"아아, 목말라[2]. 어디 물 좀 먹을 곳이 없을까?"

까마귀 한 마리가 몹시[3] 목이 말라 물을 찾아 돌아다녔습니다.

그러다가 결국 어느 시골집 근처(近處)에서 물통을 발견(發見)하게 되었습니다.

"아이고, 이젠 살았네."

까마귀는 너무도 기뻐서 황급(遑急)히 물통 가까이[4] 다가갔습니다.

그런데 이게 웬일[5]입니까? 기뻐서 급히 물통 가까이 다가간 까마귀는 고개를 푹 숙이[6]고 말았습니다.

---

1 까마귀 乌鸦
2 목마르다 口渴
3 몹시 非常
4 가까이 近，近点儿
5 웬일 怎么回事，怎么啦
6 고개를 푹 숙이다 深深地低下头

왜냐하면, 물이 물통 아래쪽에 있었으므로[7] 물통 가장자리[8]에서 목을 길게 늘여[9] 도 물을 마실 수가 없었기 때문이었습니다.

'아, 이 물을 어떻게 하면 내가 마실 수 있을까?'

까마귀는 깊게 잘 생각하였습니다.

'아, 내가 왜 진작[10] 이 생각을 못했을까?'

까마귀는 혼자 중얼거리며 주위에 있는 돌멩이[11]들을 입으로 물[12]어서 열심히 물통 속에 집[13]어넣었습니다.

물통 속에 돌멩이를 하나 가득[14] 집어넣으면 어떻게 될까요? 돌멩이들이 물통 속에 쌓이게 됨에 따라[15] 물이 점점 위로 올라오게 되겠죠.

영리한 까마귀는 결국 물을 마실 수 있었답니다.

## 개미와 지네[16]

개미와 지네가 살고 있었다. 개미와 지네는 친한 친구였다. 그러던 어느 날 지네가 개미 네에 놀러왔다. 둘은 놀고 있는데 배가 너무 고팠다. 집에는 먹을 게 하나도 없었다. 그래서 가위바위보[17]를 해서 진 사람이 과자를 사오기로 했다.

---

7 -으므로 (连接词尾，表示原因或根据) 因为
8 가장자리 边缘，沿儿
9 늘이다 拉长，增加
10 진작 早一点儿
11 돌멩이 石子儿
12 물다 叼，衔，含，咬
13 집다 拣，捡；夹，钳
14 가득 满，满当当地
15 -에 따라 随着……
16 지네 蜈蚣
17 가위바위보 (剪子、石头、布) 剪子包袱锤

가위바위보! (개미: 주먹[18], 지네: 가위)

지네가 과자를 사와야만 했다. 개미네 집에서 슈퍼[19]까지는 3분밖에 안 걸리는데 지네는 15분이 걸려도 오지 않는 것이었다. 개미가 걱정이 되어서 지네를 찾으러 가려는 순간(瞬間) 지네가 아직도 ( ! ) 현관에 있는 것이었다. 개미가 지네에게 말을 건넸다[20].

개미: 지네야! 너 여기서 뭐 하고 있니?

지네: 잠깐만 기다려. 이제 곧 신발 다 신어. 앞으로 7짝[21]만 신으면 돼.

개미: 지네야, 그냥[22] 내가 갈게. 우리 집에서 기다리고 있어.

지네: 고마워.

<20분 후>

지네: 어? 개미가 왜 이렇게 안 올까? 현관에 가 봐야겠네.

아니 이럴 수가! 개미는 아직도 현관에 있었다!

지네: 개미야! 너 슈퍼 안 가고 여기서 뭐 해?

개미: 지네야……. 네 신발이 너무 많아서 내 신발을 못 찾겠어.

## 모래[23]와 돌

두 사람이 사막(沙漠)을 걸어가고 있었습니다.

여행 중에 문제가 생겨 서로 다투[24]게 되었습니다. 한 사람이 다른 사람의 뺨을 때렸[25]습니다.

---

18 주먹 拳头
19 슈퍼 [super] 超市
20 말을 건네다 搭话
21 짝 只（一双中的一个）
22 그냥 就那样，还是
23 모래 沙子
24 다투다 争执
25 뺨을 때리다 打脸，打嘴巴，掌嘴

뺨을 맞[26]은 사람은 기분이 나빴지만 아무[27] 말을 하지 않았습니다. 그는 모래에 이렇게 적[28]었습니다.

"오늘 나의 가장 친한 친구가 나의 뺨을 때렸다."

그들은 오아시스[29]가 나올 때까지 말없이 걸었습니다.

마침내[30] 오아시스에 도착한 두 친구는 그곳에서 목욕을 하기로 했습니다.

뺨을 맞았던 사람이 목욕을 하러 들어가다 늪에 빠지[31]게 되었는데, 그때 뺨을 때렸던 친구가 그를 구해주었습니다.

늪에서 빠져나왔[32]을 때 이번에는 돌에 이렇게 썼습니다.

"오늘 나의 가장 친한 친구가 나의 생명(生命)을 구해주었다."

그를 때렸고 또한[33] 구해준 친구가 의아(疑訝)해서 물었습니다.

"내가 너를 때렸을 때는 모래에다가 적었는데, 왜 너를 구해준 후에는 돌에다가 적었지?"

친구는 대답했습니다.

"누군가가 우리를 괴롭혔을 때 우리는 모래에 그 사실을 적어야 해. 용서(容恕)의 바람이 불어와 그것을 지워버릴[34] 수 있도록. 그러나 누군가가 우리에게 좋은 일을 하였을 때, 우리는 그 사실을 돌에 기록해야 해. 그래야 바람이 불어와도 영원히 지워지지 않을 테니까."

---

26 뺨을 맞다 挨嘴巴子
27 아무 什么, 任何; 谁, 任何人
28 적다 记, 写, 记录
29 오아시스 [oasis] 绿洲, 泉地
30 마침내 终于
31 늪에 빠지다 掉进泥沼、沼泽
32 빠져나다 出来
33 또한 并且, 而且
34 지워버리다 擦掉, 去掉

## 시집살이

옛날 어떤 집에 예쁜 딸이 하나 있었습니다. 그 딸이 결혼할 나이가 되어 결혼을 했습니다. 어머니는 딸에게,
"시집살이를 잘하려면 무슨 말을 들어도 못 들은 것과 같이 하고 무엇을 보아도 못 본 것과 같이 하고 말을 하고 싶어도 말하면 안 된다." 하고 당부[35]를 했습니다.
딸은 늘 어머니의 당부를 생각하면서 3년을 보냈습니다.
이런 며느리를 시집 식구들은 처음에는 불쌍하게 생각했지만 나중에는 바보로 생각하게 되었습니다.

시집식구들은 며느리를 귀머거리[36], 장님[37], 벙어리[38]로 생각했습니다.
그래서 그만 며느리는 시집에서 쫓겨나게 되었습니다.
시아버지를 따라 고향으로 돌아가는 며느리는 눈 앞에 아무것도 보이지 않았습니다.
왜냐하면 시집살이를 잘못해서 쫓겨나는 것은 여자에게 제일 부끄러운 일이었기 때문입니다.
시집살이를 잘하려고 3년을 귀머거리, 장님, 벙어리로 산 것도 사람으로서는 참[39]기 어려운 일인데 그것 때문에 쫓겨나게 되었기 때문에 며느리는 마음이 몹시 아팠습니다.
이런 생각을 하는 동안 부모님이 계신 집 근처 숲[40]에 도착했습니다.
숲만 지나면 보고 싶은 부모님과 형제를 만날 수 있습니다.
그런 생각을 하니 며느리는 기뻤습니다.

---

35 당부 嘱咐, 嘱托
36 귀머거리 聋子
37 장님 瞎子
38 벙어리 哑巴
39 참다 忍, 忍受
40 숲 树林, 林丛

그때 저쪽 숲 속에서 꿩<sup>41</sup> 한 마리가 사람이 오는 소리에 놀라서 '푸드득<sup>42</sup>' 날았습니다.

이것을 먼저 본 며느리가
"아버님, 저기 꿩이 날아가요." 하고 말했습니다.
이 말을 들은 시아버지는 깜짝 놀랐습니다. 시아버지는,
"며느리가 꿩이 나는 것을 보았으니까 장님도 아니고 꿩이 나는 소리를 들었으니까 귀머거리도 아니고 또 말을 했으니까 벙어리도 아니군!"
하고 혼자 생각하며 기뻐했습니다.

이렇게 해서 며느리는 다시 시집으로 돌아왔고 시집 식구들은 그동안의 일들을 미안하게 생각했습니다.

며느리는 숲 속에서 잡아온 꿩을 요리(料理)할 때 노래를 불렀는데 이 노래는 매운<sup>43</sup> 시집살이를 노래한 것으로, 지금까지도 불리<sup>44</sup>고 있습니다.

### 사오정(沙悟淨)이 귀가 안 들리는 이유

사오정은 원래 귀가 먹<sup>45</sup>지 않았다.
그러던 어느 날 사오정은 소원(所願)을 들어주<sup>46</sup>는 동굴이 있다는 소문<sup>47</sup>을 들었다.
그 소문을 듣고 사오정은 소원을 들어주는 동굴로 갔다. 그 동굴에는 이렇게 쓰여<sup>48</sup> 있

---

41 꿩 野鸡, 雉鸡
42 푸드득 扑棱扑棱 ( 鸟儿扑棱翅膀的声音 )
43 맵다 毒辣, 凶狠, 难熬的
44 불리다 被唱
45 귀가 먹다 耳聋
46 소원을 들어주다 实现夙愿, 满足愿望
47 소문 传闻, 风闻, 小道消息
48 쓰이다 写着

었다.

"이 동굴은 소원을 들어주는 동굴임. 하지만 묻는 형식(形式)으로 대답할 것.

예: 왕이 되고 싶습니다. (X)

　　왕이 되고 싶니? (O)"

하지만 사오정은 이것을 읽지 않고 동굴 안으로 들어갔다.

사오정: 왕이 되고 싶습니다.

그래도 동굴은 아무 반응(反應)이 없었다.

사오정: 의사가 되고 싶습니다.

그래도 동굴은 반응이 없었다.

그러자 사오정이 이렇게 말했다.

"귀가 먹었나?"

그래서 사오정은 귀가 먹었다.

## 청개구리[49]

옛날 어느 청개구리 가족이 살고 있었습니다. 그런데 청개구리 형제들은 엄마의 말을 잘 듣지 않았습니다.

하루는 엄마 청개구리가 아이들에게,

"오늘은 바람이 불고 날씨가 좋지 않으니까 집안에서 놀아야 한다." 라고 말했습니다.

그러나 청개구리 형제들은, "우리 밖에 나가서 놀자." 하고는 모두 밖으로 나갔습니다.

또 하루는 비가 많이 왔습니다. 장마가 져[50]서 여기저기서 야단(惹端)이 났[51]습니다.

엄마 청개구리는 아이들에게,

---

49 청개구리 青蛙
50 장마가 지다 雨季到来
51 야단이 나다 糟, 糟糕; 出事; 喧嚷

"물이 많은 곳에는 도마뱀[52]이 있으니까 가면 큰일이 난[53]다." 하고 말했습니다.

이 말을 들은 청개구리 형제들은 이번에도, "야, 우리 도마뱀 구경하러 가자." 하고는 모두 뛰어나갔습니다.

이렇게 늘 반대[54]로만 하는 아이들 때문에 엄마 청개구리는 자나깨나[55] 걱정을 하다가 그만 병이 났고, 약을 먹었지만 건강은 더 나빠졌습니다.

엄마 청개구리는 죽은 다음에 산에 묻히[56]고 싶었기 때문에 청개구리 형제들을 불러서 말했습니다.

"내가 죽으면 산에 묻지 말고 냇가[57]에 묻어라."

이 말을 끝내고 엄마 청개구리는 그만 눈을 감았습니다.

그때야 자기들의 잘못을 안 청개구리 형제들은 "우리들은 그동안 늘 어머니의 말씀과 반대로 했으니까 이번만은 어머니 말씀을 듣자."

하고 어머니를 산이 아닌 냇가에 묻었습니다.

"엄마, 이제야 엄마 말씀을 듣는 이 못난[58] 아들들을 용서하세요."

그 뒤 어느 날 비가 오기 시작했습니다.

며칠 동안 비가 내렸습니다.

집에 있던 청개구리 형제들은 엄마 청개구리의 무덤이 걱정되었습니다.

냇가로 나온 청개구리 형제들은 냇물이 불어나[59]는 것을 보며 발을 동동 굴렀[60]습니다.

---

52 도마뱀 壁虎，蜥蜴
53 큰일이 나다 出大事（了）
54 반대 相反
55 자나깨나 没日没夜，时时刻刻
56 묻히다 被埋
57 냇가 小河边，溪畔
58 못나다 傻，没出息；难看
59 불어나다 增多，上涨
60 발을 동동 구르다 咚咚地跺脚，蹬蹬地顿脚

"아이고, 이를 어쩌나⁶¹? 아이고, 엄마 무덤이 떠내려가⁶²겠네."

이제는 엄마의 무덤을 옮길⁶³ 수도 없었습니다.

그 뒤, 비가 오는 날이면 청개구리 형제들은 어김없이⁶⁴ 냇가로 나와서 엄마 청개구리의 무덤을 지켜봤습니다.

비가 많이 와서 엄마 청개구리의 무덤이 떠내려갈까 봐⁶⁵ 밤새⁶⁶ 목 놓아 울⁶⁷었습니다.

"개굴개굴⁶⁸, 개굴개굴……."

청개구리 형제들은 엄마 청개구리가 살아 계셨을 적⁶⁹에 말을 듣지 않은 것을 후회(後悔)했습니다.

"개굴개굴, 개굴개굴……."

장마철만 되면 청개구리 형제들은 엄마의 무덤이 걱정되어 울곤 하⁷⁰였습니다.

그래서 요즘도 비가 쏟아지⁷¹는 장마철이 되면 냇가에 모여 청개구리들이 울어대⁷²지요.

옛날에 엄마의 말을 안 들은 청개구리 형제들이 엄마 청개구리를 냇가에 묻어 두었기 때문에 걱정이 되어서 운다고 합니다.

---

61 이를 어쩌나 这该怎么办
62 떠내려가다 冲走，漂走
63 옮기다 搬，移
64 어김없이 肯定；不食言地
65 -ㄹ까 봐 唯恐
66 밤새 夜间
67 목 놓아 울다 嚎啕大哭，放声痛哭
68 개굴개굴 呱呱
69 적 时候，时
70 -곤 하다 （跟在动词词干后，表示"反复"）经常……
71 쏟아지다 倾泻；涌出；洒，漏出
72 울어대다 使劲哭

## 형님 앵무새[73]

한 남자가 앵무새를 사려고 애완동물[74] 상점에 갔다. 주인은 요즘 인기 있는 앵무새라며 세 마리를 보여 줬다.

"여기, 이놈은 50만 원입니다."
"그것참, 생각보다 비싸네요."
"컴퓨터를 다룰[75] 줄 알거든[76]요."
"그럼, 다른 앵무새는요?"
"저기 저 녀석[77]은 백만 원입니다."
"그건 더 비싸네요?"
"저 녀석은 컴퓨터도 다루고 수리(修理)까지 하거든요."
"그럼, 저 끝에 있는 앵무새는요?"
"그건 2백만 원입니다."
"와……. 그럼 실력(實力)이 엄청나[78]겠군요."
"글쎄요[79]……. 솔직히[80] 저도 저 녀석이 뭘 하는지 보지는 못했어요."
"아니, 그런데 왜 그렇게 비싼 거죠?"
그러자 주인 하는 말,
"다른 녀석들이 쟤보고 형님이라고 부르더라고요."

---

73 앵무새 鹦鹉
74 애완동물 宠物
75 다루다 操作
76 -거든 （用于谓词词干或 "-았", "-겠", "-시" 后，表示解释说明）嘛，呗，哦；总也……，总还
77 녀석 家伙，小子
78 엄청나다 相当，宏壮
79 글쎄요 这个嘛
80 솔직히 直率地，坦率地

# 명작 감상

## 여고 시절(女高時節)

우리 집은 학교 캠퍼스[81]에 있는 사택(私宅)이라 학생들이 오다가다 들르[82]기에 좋다.

우리 집에 자주 드나드[83]는 그는 아빠가 가장 아끼[84]는 제자 중의 한 사람이다. 그도 아빠를 퍽[85] 존경하고 있는 것 같다.

그가 아빠를 뵈러 집에 오면 아빠는 물론[86], 엄마도 동생들도 모두 그를 가족같이 대한다. 그는 우리 가족에게 매우 인기 있는 손님이다.

집이 시골[87]이기 때문에 형의 집에서 살고 있는 그는 일요일이나 명절 때면 우리 집에 찾아온다.

---

81 캠퍼스 [campus] 校园
82 들르다 顺便去
83 드나들다 进进出出
84 아끼다 爱惜, 珍惜; 节省
85 퍽 好, 相当, 非常
86 물론 当然, 自不必说
87 시골 乡下, 乡村

## 1 첫 만남

그를 처음 만난 것은 지난봄 어느 따뜻한 일요일 오후였다. 집 앞에서 동생들과 배드민턴[88]을 치고 있는데 책을 잔뜩[89] 든 청년이 우리 집 쪽으로 걸어오고 있었다. 현관 쪽으로 가는 그에게

"누굴 찾으세요?" 하고 불러 세웠다.

"교수님 계십니까?" 낮고 부드러운[90] 목소리였다.

"어떻게 오셨어요?"

월부(月賦) 책 장수[91]일지 모른다는 생각이 들었다.

"교수님 좀 뵈러 왔습니다."

"책은 안 사요."

"장사꾼이 아닙니다."

청년이 조금 웃어 보였다. 나도 따라 웃었다.

"김병철이라고 전해[92] 주세요."

나는 아빠를 불렀다.

"아빠, 김병철 씨라는 분이 오셨어요."

"그래? 들어오시라고 그래."

청년은 현관으로 들어섰[93]다.

"선생님, 책을 읽다가 너무 재미있는 게 있어서 가지고 왔습니다."

"아무튼[94] 들어오게[95]. 참, 인사하지. 얘는 진영이, 내 딸이야. 고등학교 2학년생이지."

"안녕하세요?"

---

88 배드민턴 [badminton] 羽毛球
89 잔뜩 满满地
90 부드럽다 柔软，温和
91 책 장수 卖书的
92 전하다 转交，转达
93 들어서다 进入
94 아무튼 不管怎么说
95 -게（对等阶终结词尾，用于动词词干之后，表示命令）吧

하고 나는 고개를 숙여⁹⁶ 인사를 했다.

"선생님, 따님 귀엽게 생겼습니다. 그런데 사람 볼 줄은 모르는 것 같습니다."

하고는 싱글벙글⁹⁷ 웃는 것이었다.

## 2 재회(再會)

학교 개교(開校)기념일(記念日)이어서 오전 수업만 했다. 그래서 아빠 연구실(研究室)에 찾아갔는데 한 학생만이 아빠의 연구실을 지키고 있었다. 그가 바로 지난봄에 집으로 아빠를 뵈러 왔던 김병철이라는 청년이었다.

"교수님 따님이시군요. 어서 들어오세요."

그는 자리에서 일어났다. 나는 인사를 했다.

"책 한 권 사시겠어요?"

그가 웃으면서 말했다.

"그날 정말 미안했어요."

나는 진심으로 사과⁹⁸(謝過)했다.

"아닙니다. 농담(弄談)이에요."

"그런데 어떻게 하죠? 모처럼⁹⁹ 왔는데 교수님이 안 계시니……"

"그럼, 저 가겠어요."

"아니, 그럼 내가 교수님께 꾸중 들¹⁰⁰어요. 잠깐만……"

그는 책상 위에 있는 것들을 대강¹⁰¹ 정돈(整頓)했다.

"나가시려고요?"

"반가운 손님이 오셨는데, 이 컴컴한¹⁰² 연구실에 앉아 있을 수 있습니까?"

---

96 고개를 숙이다 低头, 俯首
97 싱글벙글 乐呵呵地, 眉开眼笑地
98 사과 道歉, 赔礼
99 모처럼 特地, 特意, 难得
100 꾸중 듣다 挨骂, 挨斥责
101 대강 大致, 大体
102 컴컴하다 黑沉沉的, 黑灯瞎火的

"미안해서 어떻게 하죠? 방해(妨害)가 되지 않겠어요?"
나는 진심(眞心)으로 걱정이 되었다. 그러나 그는 뭐가 즐거운지 휘파람을 불[103]면서 자리에서 일어났다.
"자, 나갑시다."
"어디 가시려고요?"
"좀 걸어 나가다가 진영 양이 좋아하는 것을 사 드리려고요."
"말씀 낮추[104]세요. 존댓말[105]을 쓰시니까 조금 거북해[106]요."
"그래요? 그럼 반말해도 기분 나빠하지 말아요."
그날 우리는 나무가 우거진[107] 캠퍼스를 걸어 나가, 교문 근처에 있는 빵집에서 아이스크림을 먹고 헤어졌다. 모처럼 찾아간 아빠를 만나지는 못했지만 기분은 상쾌(爽快)헸[108]다.

## 3 사랑인가?

나는 언제부터인가 그를 생각하는 시간이 많아졌다. 교실에서, 운동장에서, 흔들리[109]는 버스 안에서, 밤늦게 책상 앞에서 그를 생각하다가는 깜짝 놀랄 때가 있다.
'왜 그를 생각할까?'
나는 그 이유를 알 수가 없었다. 한 사람을 이렇게 열심히 생각해 보기는 정말 처음이었다.
어느 일요일 오후, 그는 그의 친구들과 같이 아빠를 찾아왔다. 그때 아빠와 나는 집 앞에 있는 채소(菜蔬)밭[110]에서 일하고 있었다. 아빠는 마침[111] 잘 왔다고 하시면서, 그들에게도 풀을 뽑으라고

---

103 휘파람을 불다 吹口哨
104 낮추다 降低，压低
105 존댓말 敬语，尊称
106 거북하다 尴尬，难堪，难为情
107 우거지다 茂盛，森郁
108 상쾌하다 清爽，凉爽，（令人）爽快的
109 흔들리다 摇晃，晃荡
110 밭 地，田，旱田
111 마침 正好，恰巧

하셨다. 다들 겉저고리[112]를 벗고는 밭으로 들어왔다.

"진영아, 오래간만이군그래[113]."

그가 웃으며 말했다.

나는 시선(視線)을 어디다 두어야 할지 몰랐다.

어머니와 함께 저녁을 준비할 때도 가슴이 뛰었다. 부엌에서 어머니를 돕다가 그릇을 떨어뜨렸[114]다.

"웬일이냐? 항상 침착(沈着)하[115]던 애가. 우리 진영이가 손님들 때문에 잔뜩 긴장(緊張)한 모양이구나."

"아이, 아니에요."

긴장은 빨리 풀리[116]지 않았다. 모두들 밭일[117]을 끝내고는 저녁을 먹고 있는데 초인종[118] (招人鍾) 소리가 나서 나는 현관으로 나갔다. 젊은 여자가 와 있었다. 그녀는 김병철 바로 그 사람을 찾았다.

"병철 오빠, 누가 찾아오셨어요."

그는 그녀를 계속 기다리고 있었던 것 같았다.

"왜 이렇게 늦었지? 우리 곧 나갈 테니까 밖에서 기다려 줘. 약속을 지키지 않은 벌(罰)[119]이야."

"응, 알았어. 빨리 나와."

나는 괜히[120] 화가 났다. 누구일까? 대학 3학년생이면 여자 친구도 있긴 있겠지. 애인일까? 나는 우울해[121]졌다.

## 4 질투(嫉妬)?

난 궁금해[122]서 며칠 후에 아빠 연구실 쪽으로 갔다. 혹시[123] 그를 만날지도 모른

---

112 겉저고리 外套
113 그래 跟在 "-구먼, -군, -지" 等部分终结词尾后, 表示强调。
114 떨어뜨리다 使掉落, 使落下
115 침착하다 沉着
116 풀리다 消除, 解除
117 밭일 农活, 地里的活儿
118 초인종 门铃
119 벌 惩罚, 制裁
120 괜히 无谓地, 徒劳地, 多余地, 白白地
121 우울하다 忧郁, 忧愁, 郁闷
122 궁금하다 想知道, 念叨, 惦念
123 혹시 或许, 也许; 是否; 如果; 有时候

다는 생각에서였다. 그런데 운 좋게도 그가 저쪽에서 얼굴을 약간(若干) 숙인[124] 채[125] 걸어 나오고 있었다. 고맙게도 혼자였다.

나는 아빠를 만나러 간다고 하면서 지나가는 말로 물었다.

"병철 오빠, 그분 누구신가요? 정희라는 분 말이에요."

"우리 후배야."

나는 그에게 후배 여학생이 있다는 사실에 좀 놀랐다. 그 과에는 현재 여학생이 없다는 말을 들었기 때문이다. 그런데 난 왜 후배를 그 과 학생으로만 생각했을까? 그는 젊고, 대학생이고, 잘 생긴 청년이다. 그런 그에게 여자 친구가 없다면 오히려[126] 이상하다.

"그날 소개하는 걸 잊었어. 소개해 줄까?"

그는 싱글벙글 웃으면서 말했다. 그러나 그가 정말 소개해 주겠다고 했을 때, 나는 용기(勇氣)가 나지 않았다.

"사양(辭讓)하겠어요."

"왜? 그 언니는 진영일[127] 만나고 싶어 하던데[128]……."

"거짓말."

"정말이야. 내가 얘기를 많이 했지."

"뭐라고요?"

"귀엽다고."

"귀엽다고요? 그 언니는 더 귀엽겠지요?"

"하하, 꼬마[129] 숙녀(淑女)가 못하는 말이 없어."

"꼬마라고요? 그건 너무했어요."

난 아빠한테로 가는 척[130]하다가 뒷문으로 빠져나왔다. 후배? 후배 여학생? 좀 이상한 감정을 느꼈다. 이것이 질투라는 걸까?

---

124 숙이다 （将头）低下，使垂下，使下垂
125 -채 （用于动词词尾 "-ㄴ, -은" 之后，表示 "保持……样的状态"）……着
　　如：그는 신을 신은 채 방안으로 들어갔다. 他穿着鞋进了屋子。
126 오히려 反而，反倒
127 -ㄹ (=를) 格助词，比 "-를" 更为口语化
128 -던데 对等阶终结词尾，表示 "提出主张"
129 꼬마 小鬼，小朋友，小不点
130 척 装，佯装（跟在谓词后，常以 "-은 척하다"，"-는 척하다" 的形式出现。表示 "假装好像做过/在做……"）

## 5 아픔

　겨울 방학 동안 나는 아빠 연구실로 점심을 갖다 드렸다. 나는 그 일이 아주 즐거웠다. 아빠의 연구실에서 그를 만날 수 있었기 때문이다.
　어느 눈 오는 날에도 나는 아빠의 연구실로 갔다. 그러나 병철 오빠 혼자 연구실을 지키고 있었다.
　"교수님은 방금 점심 초대를 받고 나가셨어."
　"그럼 이 점심을 어떻게 하죠? 병철 오빠가 잡수시지 않겠어요?"
　"그렇지 않아도¹³¹ 진영이가 도시락¹³² 가지고 오면 나보고 먹으라고 하시더군."
　그가 도시락 먹는 걸 나는 지켜보고 있었다.
　"왜 그렇게 쳐다보¹³³니?"
　"하도¹³⁴ 맛있게 잡수셔서……."
　그때 노크¹³⁵ 소리가 들렸다.

　"예, 들어오세요."
　그가 대답했다.
　문이 열리며 검은 스카프¹³⁶를 쓴 정희라는 후배 여학생이 들어섰다.
　"아, 정희!"
　그가 반갑게 외쳤¹³⁷다.
　정희, 바로 그 사람, 내 가슴이 뛰었다. 검은 코트에 검은 스카프, 큰 눈과 흰 얼굴이 너무 아름다웠다.
　"들어와. 교수님은 방금 나가셨어. 아 참, 잘 됐군. 이 귀여운 소녀가 교수님 따님이셔. 진영이라고. 왜, 지난번 교수님 댁에서 봤지?"
　"아, 그때 미안했어요. 인사도 못하고."
　"안녕하세요?"

---

131　그렇지 않아도 本来就……
132　도시락 快餐，盒饭
133　쳐다보다 仰望，瞻仰，凝视
134　하도 太，极
135　노크 敲门
136　스카프 [scarf] 围巾，丝巾
137　외치다 呼喊，喊叫，叫

나는 입 속으로 말했다.
"나 내일 시골 좀 내려가려고 교수님께 인사드리러 왔어. 교수님 언제 돌아오실까?"
"아마 늦으실 거야."
그녀는 잠시 앉았다가 자리에서 일어섰다.
"같이 나가지. 나도 일이 끝났어."
"진영이도 같이 나가지."

나는 사양했다.
"아니, 왜?"
"두 분께 방해가 되고 싶지 않으니까요."
나는 아빠 오실 때까지 책이나 보고 있겠다고 했다.
그와 그녀가 연구실을 나갔다. 두 사람의 발자국[138] 소리가 점점 멀어져 갔다. 그때 나는 처음으로 아픔 같은 것을 느꼈다. 한참[139] 후 나는 창으로 다가섰다. 그와 그녀가 눈을 맞[140]으며 걸어가는 뒷모습이 보였다.

---

138 발자국 脚印，足迹，脚步
139 한참 半天，老半天，大半天
140 눈을 맞다 迎着雪

## 그대[141]가 날 사랑한다면

그대가 날 사랑한다면
마냥[142] 좋겠죠.

그대가 날 사랑한다면
그댈 자주 볼 수 있겠죠.

그대가 날 사랑한다면
내 고민 얘기 다 그대에게 들려주고 싶어요.
그대가 날 사랑한다면
말 잘 들을게요.

그대가 날 사랑한다면
그대에게 주고 싶은 게 너무 많고
그대에게…… 듣고 싶은 이야기도 너무 많아요.

그대가 날 사랑한다면
날 사랑한다면
사랑한다면
정말로 좋겠죠.

---

141 그대 您, 你
142 마냥 尽情地; 还

# 역사 이야기

## 호동(好童) 왕자와 낙랑(樂浪) 공주

　호동 왕자는 고구려 3대 왕인 대무신왕(大武神王)의 아들이에요.
　호동 왕자는 성격이 활달(豁達)하고 외모가 아주 잘 생겨 주위에서 많은 사랑을 받았어요.
　어느 날 호동 왕자는 말을 타고 옥저(沃沮)에 사냥을 나갔[143]어요.
　그때는 옥저가 고구려의 영토(領土)였어요.
　"호랑이[144]잖아!"
　호동 왕자는 훌륭한 활 솜씨[145]로 호랑이를 쉽게 잡았어요.
　마침 낙랑왕(樂浪王)인 최리(崔理)가 호동 왕자를 보았어요.
　"정말 활 솜씨가 훌륭하군. 어디에 사는 누구인가?"
　"네, 저는 고구려의 왕자 호동이라고 합니다."
　낙랑의 왕은 호동 왕자를 궁궐(宮闕)로 초대했어요. 그리고 딸을 소개해 주었

---

143 사냥을 나가다 去打猎
144 호랑이 老虎
145 솜씨 本事，手艺；技巧，手段

어요.

호동 왕자는 공주를 보자마자 첫눈에 반했[146]어요.

"공주가 정말 아름답군요."

낙랑 공주도 호동 왕자가 마음에 들었어요.

왕은 호동 왕자에게 제안했어요.

"내 딸과 결혼을 하는 게 어떻겠소?"

그래서 호동 왕자는 낙랑에 머물[147]게 되었어요.

어느 날, 낙랑 공주는 호동 왕자에게 말했어요.

"제가 사는 나라에는 '자명고(自鳴鼓)'라는 북[148]이 있어요. 그 북은 적(敵)이 쳐들어오[149]면 저절로[150] 울린답니다. 아주 신기(神奇)하죠?"

호동 왕자는 그 얘기를 듣고 낙랑 공주에게 말했어요.

"잠시 고구려에 갔다 오겠소."

"잘 다녀오세요."

낙랑 공주가 말했어요.

호동 왕자는 고구려로 돌아가서 그동안 있었던 일들을 왕에게 말했어요. 그러자 대무신왕은 이렇게 말했어요.

"결혼보다 더 중요한 것이 있다. 우리는 낙랑을 되찾[151]아야 한다. 하지만 낙랑에 자명고가 있는 한[152] 낙랑을 쳐들어가도 이길[153] 수 없다는 것을 너도 알겠지? 낙랑 공주로 하여금[154] 자명고를 파괴(破壞)하도록 하여라."

"네, 알겠습니다. 제가 공주에게 자명고를 찢[155]어 버리라고 편지를 보내겠어요.

---

146 첫눈에 반하다 一见钟情
147 머물다 停留, 停顿
148 북 鼓
149 쳐들어오다 攻进来, 打进来
150 저절로 自动, 自然而然地
151 되찾다 收回, 收复, 夺回
152 -한 ( 与 "-ㄴ, -는" 连用, 表示条件 ) 只要……
153 이기다 赢, 战胜
154 -하여금 让, 叫, 使 ( 常使用 "-로 하여금 -하도록/하게 하다" 的形式, 使/让某人做某事 )
155 찢다 撕, 撕破

자명고만 없으면 우리 고구려가 낙랑을 차지할[156] 수 있을 겁니다."

낙랑 공주는 호동 왕자의 편지를 받았어요.

편지를 받은 낙랑 공주는 너무나 괴로웠[157]어요.

'어떻게 해야 하지? 북을 찢으면 우리나라는 망(亡)할 텐데.'

낙랑 공주는 고심(苦心) 끝에 사랑하는 호동 왕자의 편지대로[158] 자명고를 찢기로 결정했어요.

'나라와 아버지를 생각하면 슬프지만, 호동 왕자를 사랑하니까 찢을 수밖에 없어.'

낙랑 공주가 북을 찢자, 호동 왕자는 군사(軍士)를 이끌고 쳐들어왔어요.

"낙랑 군사를 모두 무찔러[159]라!"

적이 쳐들어왔지만 찢어진[160] 자명고는 울리지 않았어요.

결국 낙랑은 고구려에게 지고 말았어요.

낙랑 공주도 아버지와 나라를 배신(背信)한 죄(罪)로 죽음을 당했어요.

호동 왕자는 궁궐로 들어와 공주를 찾았어요.

하지만 공주는 이미 죽은 뒤였어요.

호동 왕자는 죽은 낙랑 공주를 안고 비통(悲痛)의 눈물을 흘렸답니다.

---

156 차지하다 占有, 占据
157 괴롭다 难受, 痛苦
158 -대로 按照……, 遵照……
159 무찌르다 破, 杀, 打败
160 찢어지다 破, （被）撕破

# 4부

## 인간 극장

### 〜 가장 아름다운 가위바위보 〜

아버지와 아들이 있었습니다.

아버지는 아들에게 말했습니다.
"아빠랑 가위바위보를 할까? 네가 이기면 부탁하는 것은 뭐든지 다 들어줄[1] 테니까."
"그럼 아빠, 내가 갖고 싶은 것 다 사 줄 거야?"
"물론이지. 네가 갖고 싶은 것은 아빠가 모두 다 사줄게."

아버지와 아들은 그래서 가위바위보를 했습니다. 그런데 가위바위보를 할 때마다 아들은 단 한 번도 진 적이 없습니다.

그날도 아들이 이겼습니다. 그것이 아들은 그렇게 신이 날[2] 수가 없었습니다. 아들은 가지고 싶은 장난감, 먹고 싶은 모든 것을 다 사달라고 했고 아버지는 즐거이[3] 아들과의 약속을 지켰습니다.

아버지는 가위바위보에서 이겨 기뻐하는 아들을 보면서 자신도 기쁨의 눈물을

---

1 들어주다 听取, 答应
2 신이 나다 兴高采烈, 兴冲冲, 兴致勃勃
3 즐거이 快乐地, 高兴地, 愉快地

흘렸습니다.

　아버지가 가위바위보를 할 때마다 아들에게 일부러[4] 져 준 것을 아들은 아직 어려서 알지를 못합니다.

　아버지의 아들은 태어날 때부터 손가락이 없이 태어나 오직[5] 주먹밖에 낼 수가 없습니다.

　언제까지고 아버지는 이런 아들에게 계속 지고 싶어 합니다. 언제까지나, 언제까지나. 자기가 주먹밖에 낼 수 없다는 것을 아들이 스스로 알아차릴[6] 때까지 아버지는 또 계속 져 줄 것입니다.

　그러나 아버지는 아들이 자신이 주먹밖에 낼 수 없다는 것을 알게 될 날이 오지 않기를 또 간절(懇切)히[7] 바라고 있습니다.

### 교회에서

　한 꼬마가 일요일에 아빠와 교회에 갔다. 기도(祈禱) 시간에 기도를 하고 있는데 아빠가 이렇게 기도했다.
　"하나님 아버지……."
　그래서 꼬마는 자기도 기도를 했다.
　"하나님 할아버지……."
　그 소리를 들은 아빠가 꼬마에게 말했다.
　"너도 하나님께 하나님 아버지라고 해야 하는 거야."
　그 말을 듣자 바로 꼬마가 아빠에게 대답했다.
　"알았어요, 형님!"

---

　　4 일부러 故意, 特意, 有意
　　5 오직 只, 仅, 只有
　　6 알아차리다 发觉, 觉察到, 看到
　　7 간절히 热切地, 急切地, 迫切地

## 청년의 잔꾀[8]

한 청년이 길을 가다가 이상한 램프[9]를 하나 주웠[10]습니다.

청년은 너무나 신기해서 램프를 여기저기 살펴보았습니다. 그것은 바로 요술(妖術) 램프였습니다.

그는 어릴 적에 어른들로부터 요술 램프에 대한 이야기를 재미있게 들어왔었기 때문에 요술 램프를 어떻게 다루[11]는 것인지 이미 잘 알고 있었습니다.

그는 자기가 알고 있는 방법(方法)대로 요술 램프를 살살[12] 문지르며 소원을 들어주는 요정이 어서 빨리 나오기만을 기다렸습니다.

잠시 후, 요술 램프에서 갑자기 흰 연기(煙氣)가 솟아오르[13]더니 연기 속에서 요정이 나타났습니다.

요정이 반갑게 인사를 한 후에 청년에게 말했습니다.

"주인님, 소원이 있으면 하나만 말씀하세요. 그러면 제가 그 소원을 들어 드리겠습니다."

청년은 마음속에 세 가지 소원을 가지고 있었습니다. 그리고 그 세 가지 소원 중 어느 한 가지도 놓치[14]고 싶지 않았습니다.

욕심 많은 청년은 잔꾀를 내어 세 가지 소원을 한 가지 소원인 것처럼 이어서[15] 이렇게 말했습니다.

"돈, 여자, 결혼이 소원이요!"

---

8 잔꾀 小诡计，鬼把戏
9 램프 [lamp] 灯
10 줍다 捡，拾
11 다루다 使用；对待；侍弄；管理
12 살살 柔和而轻轻地；巧妙地
13 솟아오르다 升起，升腾；涌起；矗立
14 놓치다 错过，放过
15 이어서 接续，接着，接下去

그 후 청년은 소원대로 돈 여자(정신이 돌[16]아 버린 여자)와 결혼을 했다고 합니다.

욕심은 사람을 불행(不幸)하게 만듭니다.

인생은 욕심대로 살 때보다 소망을 하나하나 이루[17]어 갈 때에 더욱 행복해집니다.

## 무인도(無人島)의 세 사람

세 남자가 무인도에 떠내려와[18] 몇 달 동안이나 함께 살았습니다.
어느 날, 한 남자가 바닷가에서 마법(魔法)의 램프를 주웠습니다.
램프를 문지르자 램프의 요정이 나타나 말했습니다.
"한 사람에게 소원 한 가지씩을 들[19]어 드리겠습니다."
첫 번째 남자가 말했습니다.
"나는 지금 즉시 고향으로 돌아가고 싶다."
그 남자는 눈 깜짝할 사이에[20] 사라졌습니다.
두 번째 남자가 말했습니다.
"나는 술을 실컷[21] 먹을 수 있는 나라로 가고 싶다."
두 번째 남자도 눈 깜짝할 사이에 없어졌습니다.
세 번째 남자에게 램프의 요정이 소원이 무어냐고 물었습니다. 세 번째 남자는 잠시 생각한 뒤에 말했습니다.

---

16 정신이 돌다 精神失常
17 이루다 成就，实现
18 떠내려오다 冲到，漂流到
19 들다 实现，满足
20 눈 깜짝할 사이에 眨眼之间
21 실컷 尽情地，痛痛快快地，充分地

"두 사람이 없어지니까 너무나 쓸쓸하[22]군. 그 두 사람을 다시 섬[23]으로 데려와 주지 않겠나?"

## 절망적(絶望的)이라고요?

어느 날 회사 일을 마치고 차를 몰[24]고 집으로 돌아가던 중에 나는 집 근처 공원에 잠시 차를 세웠다. 그곳에서 벌어지[25]고 있는 동네 꼬마들의 야구 경기를 구경하기 위해서였다.

일루(一壘) 쪽 벤치[26]에 앉으면서 나는 일루 수비(守備)를 보[27]고 있는 아이에게 점수가 어떻게 되느냐고 소리쳐 물었다.

아이는 웃으면서 말했다.

"우리가 14대 0으로 지고 있어요."

내가 말했다.

"그래? 그런데 넌 그다지 절망적이지 않아 보이는구나."

그러자 아이가 깜짝 놀란 표정을 하고 내게 말했다.

"절망적이라고요? 왜 우리가 절망적이어야 하죠? 우린 아직 한 번도 공격(攻擊)을 하지 않았는데요."

## 선녀(仙女)와 나무꾼[28]

옛날에 금강산(金剛山) 아래에 한 나무꾼이 살고 있었어요. 나무꾼은 가난했[29]지

---

22 쓸쓸하다 冷凄凄的，寂寞，孤单，凄凉
23 섬 岛
24 몰다 开，驾驶
25 벌어지다 展现，出现；裂开；疏远
26 벤치 [bench] 长椅
27 수비를 보다 负责守卫
28 나무꾼 樵夫
29 가난하다 穷，贫困

만 홀어머니[30]를 모시고 착하게 살고 있었어요.

나무꾼: 오늘은 어제보다 나무가 좀 많으니까 돈을 더 받을 수 있을 거야. 어머님께 생선[31](生鮮)을 사다 드려야지.

나무꾼은 나무를 베[32]러 산으로 갔어요. 나무꾼은 열심히 나무를 벴어요. 그러던 중 갑자기 사슴 한 마리가 나타나 나무꾼에게 허겁지겁[33] 말했어요.

사슴: 나무꾼 아저씨, 나무꾼 아저씨. 저 좀 살려주[34]세요. 사냥꾼에게 쫓기[35]고 있어요. 제발[36] 저 좀 숨겨[37]주세요. 사냥꾼이 쫓아와요!

나무꾼: 그래? 안 됐구나. 빨리 이 나무더미[38] 속으로 숨[39]어라. 소리 내지 말고 가만히 있어라.

사슴은 재빨리[40] 나무장작[41] 뒤로 숨었어요. 그때 사냥꾼이 나타났어요.

사냥꾼: 여기서 사슴 한 마리 못 봤나요?

나무꾼: 못 봤는데요.

사냥꾼: 허허, 참 아깝[42]군. 아주 통통한[43] 녀석이었는데. 어휴…….

사냥꾼은 사슴을 찾아 다른 곳으로 가 버렸어요.

나무꾼: 이제 나오너라.

---

30 홀어머니 孤寡母亲
31 생선 鱼
32 베다 剁，砍，割，切
33 허겁지겁 惊慌失措，慌慌张张
34 살려주다 救命
35 쫓기다 被追赶
36 제발 千万
37 숨기다 藏，隐藏
38 더미 堆
39 숨다 藏，隐藏
40 재빨리 赶紧，飞快地
41 장작 木柴，劈柴
42 아깝다 可惜，心疼
43 통통하다 肥嘟嘟的，胖乎乎的

사슴: 감사합니다.

나무꾼: 뭘 그까짓⁴⁴ 일을 가지고.

사슴: 저는 지금 사슴의 모습이지만 원래는 산신령(山神靈)입니다. 나무꾼님의 은혜(恩惠)를 갚⁴⁵기 위해 소원을 들어 드리겠습니다.

나무꾼: 아니다. 난 그저⁴⁶ 할 일을 했을 뿐이다. 은혜 같은 건 안 갚아도 된다.

사슴: 나무꾼님, 그러지 마시고 제 성의(誠意)를 봐서라도 꼭 한 가지 소원을 말씀해 주세요.

나무꾼: 음……. 그럼, 좋은 색시⁴⁷를 만나 장가를 갈 수 있으면 좋겠어.

사슴: 네, 그렇게 하지요. 이리로 따라와 주시겠어요?

나무꾼: 음……. 그래, 좋다.

사슴: 이 산꼭대기에 올라가면 큰 연못⁴⁸이 있는데 오늘 밤 하늘나라의 선녀들이 그 연못에 내려와 목욕을 합니다.

나무꾼: 선녀?

사슴: 네, 그래요.

그날 밤 나무꾼은 사슴과 함께 무지개⁴⁹ 물가⁵⁰로 갔어요. 거기에는 아리따운⁵¹ 선녀들이 목욕을 하고 있었어요.

사슴: 나무꾼님, 저 선녀의 날개옷⁵² 중에서 하나를 골라 숨기세요. 그러면 선녀가 나무꾼님의 부인이 될 거예요. 하지만 한 가지 명심(銘心)하⁵³세요. 아이를 셋

---

44 그까짓 那一类，那么点儿
45 갚다 还，偿还，报
46 그저 只是，不过
47 색시 新娘，少妇
48 연못 池塘；莲花池
49 무지개 彩虹
50 물가 水边
51 아리땁다 美丽，标致
52 날개옷 羽衣
53 명심하다 铭记，牢记

낳을 때까지 절대(絶對)로 옷을 돌려주[54]면 안 돼요. 돌려주면 하늘나라로 돌아가 버릴 겁니다. 그럼 전 이만 가보겠습니다.

　사슴은 산 위로 올라갔어요. 나무꾼은 크게 기뻐하며 사슴에게 몇 번이나 절을 했어요.

　나무꾼: 음……. 저 날개옷 중 4번째 날개옷을 숨겨야겠어.

　나무꾼은 4번째 날개옷을 재빨리 숨겼어요.

　선녀들: 가자, 막내[55]야.

　선녀: 어, 옷이 없네?

　선녀들: 응? 앗, 늦었다. 지금은 시간이 없으니 다음에 데리러 올게.

　선녀: 언니들! 엉엉[56]…….

　나무꾼: 안녕하세요.

　선녀: 누구세요?

　나무꾼: 왜 울고 계시는 거죠?

　선녀: 저는 하늘나라 선녀인데 날개옷이 없어져서 하늘나라로 돌아가지 못하고 있습니다.

　나무꾼: 이런, 갈 곳도 없으실 텐데 그럼 저와 함께 저의 집으로 같이 가세요.

　선녀: 네.

　이렇게 나무꾼의 집으로 가게 된 선녀는 나무꾼의 아내가 되었어요. 선녀와 나무꾼은 행복하게 살며 아이도 둘이나 낳았어요.

　그러나 나무꾼은 선녀를 속이[57]고 날개옷을 숨긴 것이 계속 마음에 걸렸[58]어요. 그래서 아이 셋을 낳을 때까지 선녀에게 날개옷을 돌려주면 안 된다는 사슴의 주의[59](注意)를 잊고 선녀에게 말했어요.

---

54 돌려주다 还, 归还, 退还
55 막내 老小, 老幺
56 엉엉 呜呜
57 속이다 欺骗
58 마음에 걸리다 挂在心上
59 주의 劝告, 忠告

나무꾼: 사실, 당신의 날개옷은 내가 가지고 있어요.
나무꾼은 사슴과 있었던 일을 모두 얘기해 주었어요.
선녀: 그렇게 된 일이었군요. 그런데 제 선녀 옷은 어디에 있나요? 그냥 한번 입어 보고 싶어요.

나무꾼: 저 땅 밑 장독대[60] 안에 있어요.

나무꾼은 땅을 파[61]서 장독대 안에 있는 날개옷을 꺼내어 선녀에게 주었어요. 그런데 날개옷을 입은 선녀는 두 아이를 양팔[62]에 하나씩 안고 하늘나라로 올라가기 시작했어요.

나무꾼: 아니, 여보, 당신 지금 어딜 가는 거예요? 나를 두고 가면 어찌해[63]요.

선녀: 여보, 정말 미안해요. 전 아버지와 어머니가 너무 보고 싶어요.

선녀와 아이들이 떠나고 난 후 나무꾼은 크게 후회했어요.

나무꾼: 흑흑[64]······. 사슴이 아이 셋을 낳을 때까지는 날개옷을 주지 말라고 했는데······. 아이가 셋이었으면 가지 못했을 텐데. 흑흑······.

나무꾼이 슬픔에 잠겨[65] 있을 때, 사슴이 나타나 말했어요.

사슴: 제가 준 주의를 잊으셨군요. 하는 수 없죠. 보름날 밤 그 연못에 가면, 하늘에서 두레박[66]이 내려올 거예요. 그 두레박을 타고 가면 선녀와 아이들을 만날 수 있을 거예요.

사슴이 말한 대로 나무꾼은 보름날 밤 연못으로 가 봤어요.
밝은 달이 떠오르자, 정말 하늘에서 두레박이 내려왔어요. 나무꾼은 그것을 타고 하늘로 올라갔어요.
하늘나라에서 나무꾼과 선녀는 함께 행복한 날을 보냈어요.

---

60 장독대 放酱缸的台子
61 파다 挖
62 양팔 两只胳膊，双臂
63 어찌하다 怎么办
64 흑흑 唏呵唏呵地（哭），哽咽
65 슬픔에 잠기다 沉浸于悲哀之中
66 두레박 吊桶

그러나 나무꾼은 지상(地上)에 있는 어머니 때문에 마냥[67] 좋아할 수가 없었어요.

그래서 나무꾼은 아내에게 말했어요.

나무꾼: 여보, 혼자 계신 어머님이 걱정되는구려[68].

선녀: 그럼 하늘나라 말을 타고 어머님께 갔다 오세요. 하지만 절대(絶對) 말에서 내리면 안 됩니다. 말에서 내리면 다시는 하늘나라로 돌아올 수 없어요.

나무꾼은 하늘나라 말을 타고 땅으로 내려가 어머니를 만났어요.

나무꾼: 어머니!

어머니: 오, 우리 아들! 그동안 너무 보고 싶었다. 말에서 내려 밥 한 끼[69] 먹고 가라.

나무꾼: 어머니, 안 돼요. 저는 말 위에서 내리면 안 돼요.

어머니: 여기까지 왔는데 죽(粥)이라도 먹고 가야지.

어머니는 아들에게 호박죽을 끓여[70] 주었어요. 그런데 아들은 뜨거운 죽을 먹다가 그만 말의 등에 죽을 쏟[71]고 말았어요.

말이 깜짝 놀라서 발버둥치[72]자 나무꾼은 말에서 떨어졌어요. 나무꾼은 소리쳤어요.

나무꾼: 앗, 안 돼. 나도 태우고 가야 돼.

그러나 말은 뒤도 돌아보지 않고 날아가 버렸어요.

그 뒤, 나무꾼은 선녀와 아이들을 그리워하[73]며 혼자 살게 되었어요.

얼마 뒤 나무꾼은 죽어서 수탉[74]이 되었답니다. 그래서 지금도 수탉은 지붕[75]에 올라가 하늘을 보며 슬피[76] 우[77]는 거랍니다.

---

67 마냥 尽情地；还，始终

68 -구려（微敬阶命令或感叹式终结词尾，用于谓词词干或体词的谓词形之后）呀，呗，嘞

69 끼 顿，餐

70 호박죽을 끓이다 熬南瓜粥，煮南瓜粥

71 쏟다 泼，洒，倒

72 발버둥 치다 挣扎

73 그리워하다 想，思念，想念

74 수탉 公鸡

75 지붕 屋顶

76 슬피 伤心地

77 울다 哭，叫，啼

## 우리가 뭐 한두 살 먹은 어린애야?

3살짜리 꼬마 남자아이, 여자아이가 길을 걷고 있었다. 3살 먹은 남자애가 3살 먹은 여자애의 손목을 잡[78]았다.
"어머, 왜 그래? 우린 아직 이러기에 너무 어려."
그러자 3살 먹은 남자아이가 이렇게 말했다.
"괜찮아! 우리가 뭐 한두 살 먹은 어린애야?"

---

78 손목을 잡다 抓住手腕

# 명작 감상

## 개구리 왕자

　옛날 어느 나라에 세상에서 제일 아름다운 공주님이 살았어요.
　그 공주님은 너무 예뻐서 아기 때부터 보는 사람마다 공주님의 미모(美貌)에 감탄(感歎)했지요.
　공주님은 자기가 세상에서 가장 예쁘다고 생각했어요. 그래서 못생긴 것은 무조건[79](無條件) 싫어하고, 멋있고 예쁜 것만 좋아했어요.
　어느 날이었어요.
　"공주야, 이웃 나라에서 너에게 황금(黃金) 공[80]을 선물로 보냈단다." 임금님은 공주님에게 이 세상에서 하나뿐인 황금 공을 주었어요.
　멋진 황금 공을 갖게 된 공주님은 정말 기뻤어요.
　궁 안에서 사는 공주님은 함께 놀 친구가 없었어요. 그래서 공주님은 매일 혼자 성 안 잔디밭[81]에서 공놀이[82]를 하며 놀았지요.

---

79 무조건 无条件地
80 공 球
81 잔디밭 草坪
82 놀이 玩耍, 游戏

"함께 놀 수 있는 친구가 있다면 얼마나 좋을까……."

공놀이를 하던 공주님이 외로워서 혼잣말[83]로 중얼거렸어요.

"공주님, 저와 함께 놀아요."

공주님은 놀라서 소리 나는 곳을 쳐다보았어요. 그러나 그곳에는 아무도[84] 없었어요.

"누구신가요? 저랑 공놀이하실래요?"

그때 공주님의 눈앞에 나타난 것은 성(城) 안 우물에 사는 징그러운[85] 개구리였어요. 그 개구리는 정말 더럽[86]고 못생겼어요.

"세상에서 가장 아름다운 공주님, 제가 공놀이 친구가 되어 드릴까요?"

"어머나[87], 이렇게 못생긴 개구리가 나하고 공놀이를 하겠다니……."

공주님 화를 내[88]며 성 안으로 들어갔어요.

어느 날 공주님은 공놀이를 하다, 황금 공을 우물에 빠뜨렸[89]어요. 우물 속은 너무 캄캄해[90]서 아무것도 보이질 않았어요.

공주님은 털썩[91] 땅에 주저앉[92]아 울기 시작했어요.

그때, 그 못생긴 개구리가 나타났어요.

"공주님, 왜 우[93]시나요?"

"나의 소중(所重)한[94] 황금 공이 저 우물에 빠졌단다."

---

83 혼잣말 自言自语
84 아무도 谁，任何人
85 징그럽다 令人厌恶的，令人恶心的
86 더럽다 脏，浊，黑
87 어머나 哎哟，天哪
88 화를 내다 发火，脾气发作
89 빠뜨리다 弄沉
90 캄캄하다 漆黑，晦暗，黑魆魆
91 털썩 扑腾一下
92 주저앉다 一屁股坐下
93 울다 哭
94 소중하다 所器重的，宝贵，珍贵

"제가 공을 꺼내 드릴 테니, 저를 공주님 곁⁹⁵에서 식사하고 같은 침대에서 잠을 자게 해 주시겠어요? 그리고 저에게 키스⁹⁶를 해 주실 수 있나요?"

공주님은 못생긴 개구리가 싫었지만, 황금 공을 찾고 싶어 그렇게 하기로 약속했어요.

개구리는 우물 안에서 황금 공을 꺼내왔어요.

"공주님, 저를 공주님과 함께 살게 해 주세요."

"흥! 너같이 못생긴 개구리는 보기도 싫어."

"하지만 저랑 약속했잖아요."

그러나 공주님은 성 안으로 도망쳤어요.

그날 저녁 왕궁에 손님이 찾아왔어요. 바로 그 개구리였죠. 이제까지의 사연⁹⁷(事緣)을 들은 임금님은 공주에게 약속을 지키라고 했어요.

그 후 개구리는 계속 공주님을 따라다녔어요. 공주님이 밥을 먹을 때도 옆에서 먹었어요. 공주님이 잠자리에 들⁹⁸ 때도 옆에서 잤지요.

그렇지만 공주님은 못생긴 개구리와 함께 지내는 것이 너무 싫었어요.

며칠 뒤, 개구리는 공주님에게 약속했던 키스를 해달라고 했어요. 공주님은 화가 나서 징그러운 개구리를 땅바닥⁹⁹에 던져¹⁰⁰버렸어요.

그런데 그 순간(瞬間) 못생긴 개구리는 간데없¹⁰¹고 마법(魔法)이 풀린¹⁰² 잘 생긴 왕자님이 나타났어요.

그 개구리는 마법에 걸린 이웃 나라 왕자님이었던 거예요. 왕자님은 공주 덕분에 마법이 풀렸다며 기뻐했어요.

---

95 곁 旁边
96 키스 [kiss] 接吻
97 사연 事情缘由，事情的原委
98 잠자리에 들다 就寝，上床睡觉
99 땅바닥 地面
100 던지다 扔，投，投掷
101 간데없다 无影无踪
102 풀리다 解除，消除

"저의 은인(恩人)이시니 저와 결혼해 주세요."

이렇게 해서 이 세상에서 제일 아름다운 공주님은, 멋진 왕자님과 결혼하여 행복하게 오래오래 살았답니다.

## 토끼전

옛날 옛날에 바닷속에 용왕(龍王)님이 살았어요.

그런데 용왕님이 병이 났어요.

"어허, 이거 참 큰일이네. 아무리[103] 좋은 약을 드셔도 낫지 않고."

신하(臣下)들의 걱정이 대단했어요.

"약이 있긴 있는데, 구(求)하기가 매우 어렵다던데."

"도대체[104] 무슨 약인가?"

"땅에 사는 토끼의 간(肝)이라네."

바닷속 신하들은 깜짝 놀라 웅성거렸[105]어요.

"도대체 누가 육지(陸地)에 가서 토끼를 잡아온다는 거야?"

"용왕님, 용왕님, 제가 다녀오겠습니다. 저는 땅과 바다에서 모두 살 수 있어요."

자라[106]가 손을 들며 말했어요.

"기특(奇特)하[107]구나. 부디[108] 약을 구해오도록 해라."

자라는 토끼를 찾아 육지로 향했어요.

육지에 도착한 자라는 온[109] 땅을 헤맸[110]어요.

---

103 아무리 无论如何
104 도대체 到底, 究竟
105 웅성거리다 乱哄哄, 闹哄哄
106 자라 甲鱼, 鳖
107 기특하다 可嘉的, 值得表扬的
108 부디 千万, 务必, 一定
109 온 全部, 所有
110 헤매다 流落, 徘徊

그런데 토끼인가 보면 사슴[111]이고, 또 토끼인가 보면 여우고, 또 토끼인가 보면 호랑이지 뭐예요.

"도대체 깡충깡충 뛰는 토끼는 어디 있지?"

그때였어요.

빨간 눈에 큰 귀를 가진 토끼가 깡충깡충 자라 앞으로 뛰어 왔어요.

"안녕!"

토끼가 반갑게 인사했어요.

"토끼야, 안녕!"

자라도 기쁘게 인사했어요.

"토끼야, 너 바닷속에 있는 용궁(龍宮) 보고 싶지 않니? 용궁에는 신기(新奇)한 것들이 많단다."

자라는 토끼를 설득(說得)했[112]어요.

"용궁?"

"그래. 용궁에 가면 엄청난 금은보화(金銀寶貨)가 다 네 거야."

토끼는 고개를 끄덕였어요.

"그래, 가자."

자라는 감언이설(甘言利說)에 속[113]은 토끼를 등에 태우[114]고 신나게 용궁으로 향했어요.

'이제 용왕님의 병도 낫고, 난 용왕님께 큰 칭찬(稱讚)을 들을 거야.'

토끼가 도착하자 용궁에서는 잔치가 벌어졌[115]어요.

"드디어[116] 우리 용왕님이 토끼의 간을 먹고 다시 건강해지실 수 있겠구나."

---

111 사슴 鹿
112 설득하다 说服
113 속다 被骗
114 태우다 使……乘坐
115 잔치가 벌어지다 摆开宴席
116 드디어 终于

용왕님도 신하들도 모두 정말 기뻤어요.
'아니, 이게 무슨 소리지? 내 간을 먹는다고?'
토끼는 깜짝 놀랐어요.

'간을 꺼내면 난 죽는데……'
토끼는 용궁에서 도망갈 꾀를 내[117]었지요.
"아니, 자라야, 진작[118] 말했어야지. 용왕님! 저는 가끔 간을 꺼내서 햇볕[119]에 말린답니다. 용왕님이 필요하신 줄도 모르고 여기에 오기 전에도 꺼내서 바위에 널[120]어 놓았어요. 이 길로[121] 육지로 가서 다시 가지고 올게요."
자라는 하는 수 없이 토끼를 태우고 토끼의 간을 가지러 다시 육지로 갔어요.
토끼는 자라의 등에서 내리자마자 빠르게 도망(逃亡)치며 자라를 비웃었어요.
"이런, 바보야, 나를 속여[122]? 어떻게 간을 꺼내고 살 수 있단 말이야? 하하하."
그리고는 깊은 숲 속으로 사라져 버렸답니다.

---

117 꾀를 내다 想计策，用计谋
118 진작 早，及早，早该
119 햇볕 阳光
120 널다 晾，晒
121 이 길로 立刻，马上
122 속이다 欺骗

# 역사 이야기

## 바보 온달(溫達)과 평강(平岡)공주

**울보[123] 평강공주**

고구려 제25대 임금은 평원왕(平原王)이었습니다. 평원왕에게는 평강이라는 공주가 있었습니다.

이 평강공주는 한번 울었다 하면 울음을 잘 그치[124]지 않는 지독(至毒)한 울보였습니다.

업어 주고 안[125]아 주며 달래[126] 보아도 소용(所用)이 없었습니다.

"우리 예쁜 공주가 왜 이렇게 울까? 자꾸[127] 울면 나중에 바보 온달(溫達)한테 시집보내야겠다."

---

123 울보 爱哭的人，哭丧鬼
124 그치다 停，停止
125 안다 抱
126 달래다 劝，劝说
127 자꾸 老

## 바보 온달

그 무렵[128] 고구려에는 온달이라는 청년이 살고 있었습니다. 온달은 얼굴은 못생겼지만, 마음씨는 아름다웠습니다.

집이 가난하여, 온달은 항상 밥을 얻[129]어 눈먼[130] 어머니를 공양(供養)하였습니다.

날마다 다 떨어진[131] 옷과 해진[132] 신으로 거리를 오가니, 사람들이 그를 가리켜[133] 바보 온달이라고 했습니다.

## 평강공주의 고집

어느덧 세월이 흘러 평강공주의 나이가 열여섯 살이 되었습니다.

매일 울기만 하던 공주가 이젠 얌전한[134] 아가씨가 되어 있었습니다.

평강공주는 얼굴이 예쁘고 머리가 총명했을 뿐 아니라 글을 많이 읽었으며 무예(武藝)도 몸에 익혔[135]습니다.

어느 날 평원왕은 평강공주를 불러 상부(上部) 고씨(高氏)의 아들에게 시집을 가라고 말했습니다.

그러자 평강공주가 말하길,

"아버지께서는 제가 어렸을 때 바보 온달에게 시집보내겠다고 말씀하지 않으셨습니까?

아버지는 이 고구려 땅에서 제일 높고 훌륭하신 분입니다. 그런 분이 한번 하신

---

128 무렵 时分，时候
129 밥을 얻다 讨饭
130 눈멀다 眼瞎，失明；盲目
131 떨어지다 破，磨破；坠落
132 해지다 破
133 가리키다 指，指示
134 얌전하다 文静，娴雅
135 익히다 使(成)熟，使熟练

말씀을 이제 와서 바꾸신다면 어떻게 백성들이 임금님을 따르겠습니까?

그래서 저는 아버지를 위해서라도 아버지께서 하신 말씀을 그대로 실행(實行)하겠습니다." 하였습니다.

평강공주가 계속 고집을 부리[136]자, 임금은 화가 나서 공주를 궁궐(宮闕)에서 쫓아냈[137]습니다.

### 훌륭한 장군감 온달

궁궐에서 나온 평강공주는 온달의 집을 찾아갔습니다. 온달의 집은 다 쓰러져[138] 가는 집이었습니다.

온달은 산으로 나무를 하[139]러 가고 없었고 온달의 어머니만이 혼자 집을 지키고 있었습니다.

저녁 무렵 집으로 돌아온 온달에게 평강공주는 자세(仔細)한 이야기를 해 주었습니다.

그리하여 온달과 평강공주는 결혼을 해서 어머니와 함께 셋이서 살았습니다.

평강공주가 남편 온달의 됨됨이[140]를 살펴보니, 체격도 건장(健壯)하고 머리도 영리(怜悧)하여 잘 가르치기만 하면 훌륭한 사람이 될 것 같았습니다.

평강공주는 온달에게 글공부를 시켰습니다. 그리고 말타기, 칼 쓰기, 활쏘기 공부도 시켰습니다.

이렇게 열심히 글과 무예를 익혀 나가는 동안 여러 해가 흘렀습니다. 온달은 이제 훌륭한 장군감[141]이 되었습니다.

---

136 고집을 부리다 固执，坚持
137 쫓아내다 赶出去
138 쓰러지다 倒，倒下
139 나무를 하다 砍柴
140 됨됨이 为人，人品
141 장군감 將才

## 사냥대회(大會)에 나간 온달

그 당시에 고구려에서는 매년 음력 3월 3일이면 낙랑 언덕에서 임금을 비롯한[142] 모든 신하들이 사냥을 했습니다.

사냥이 끝나면 잡은 짐승들을 가지고 하늘과 자연(自然)의 신(神)에게 제사를 지냈습니다.

이때 고구려에서는 사냥에서 짐승을 제일 많이 잡은 사람에게 '대장군(大將軍)'이라는 칭호(稱號)를 주었습니다.

온달은 이 사냥 대회에 참가했습니다.

평원왕과 신하들이 보는 앞에서 사냥 대회가 열렸습니다.

온달은 그동안 익힌 솜씨를 발휘(發揮)하여 사슴과 멧돼지[143], 여우, 늑대[144] 등 여러 종류(種類)의 짐승을 수없이 잡았습니다.

사냥 대회가 끝난 후 사람들은 자기가 잡은 여러 종류의 짐승들을 갖고 모두 평원왕 앞으로 나갔습니다.

다른 사람들도 많이 잡았지만 온달은 뛰어나게 많이 잡았습니다.

온달은 평원왕 앞에 고개를 숙이고 엎드렸[145]습니다.

"씩씩한 젊은이, 고개를 들[146]어라! 자네[147]의 이름은 무엇인가?"

"예, 제 이름은 온달이라고 합니다."

평원왕은 자기 앞에 엎드려 있는 씩씩한 장수(將帥)가 바로 바보 온달이라는 말

---

142 비롯하다 以……为首, 以及
143 멧돼지 野猪, 山猪
144 늑대 狼, 豺
145 엎드리다 卧, 拜, 伏, 趴
146 고개를 들다 抬头
147 자네 你

에 깜짝 놀랐습니다.

그러나 곧 평원왕은 크게 기뻐하며 잔치를 열었습니다.

그리고 정식으로 온달을 자기의 사위[148]로 맞아들였[149]습니다.

온달은 대장군이 되어 평원왕을 도왔습니다.

### 온달의 죽음

그 후, 평원왕이 세상을 떠나[150]게 되자 영양왕(嬰陽王)이 새 임금이 되었습니다. 온달은 영양왕에게 말했습니다.

"소신 온달이 아뢰[151]겠습니다.

계립현(鷄立峴)과 죽령(竹嶺)은 원래 우리의 영토였는데 신라에게 빼앗긴[152] 땅입니다.

제가 싸워서 다시 찾아오겠습니다. 허락하여 주십시오."

왕은 온달의 말을 듣고 이를 허락하였습니다.

떠날 때 온달은 맹세하기를,

"계립현(鷄立峴)과 죽령(竹嶺)을 되찾[153]지 못한다면 돌아오지 않겠다." 하였습니다.

그러나 온달은 신라군과의 전쟁(戰爭) 중에 그만 화살에 맞아 죽게 되었습니다.

용감(勇敢)한 대장군인 온달의 장례를 치르[154]려고 하는데 이상하게 그의 관(棺)이 땅에 붙[155]어 움직이지 않았습니다.

---

148 사위 女婿
149 맞아들이다 引接，娶，招
150 세상을 떠나다 离开人世
151 아뢰다 呈报，禀告
152 빼앗기다 被抢，被夺
153 되찾다 收回，收复，夺回
154 치르다 办
155 붙다 贴，粘

공주가 와서 온달의 관을 어루만지[156]며 말하였습니다.
"이 고구려는 남아 있는 우리 모두 힘을 합(合)해 잘 지키겠으니 부디 마음 놓고 돌아가십시오."
그러자 드디어[157] 관이 움직여 장사(葬事)를 지낼 수 있었답니다.

온달산성(山城)
온달의 죽음에 대한 전설(傳說)이 남아 있는 단양(端陽)의 온달산성이다. 온달산성 아래로 남한강(南漢江)이 흐른다.

---

156 어루만지다 抚摸, 抚慰
157 드디어 终于, 总算

# 5 부

## 인간 극장

### 판도라의 상자 (箱子)

태초(太初)에 이 세상에는 남자만 있었어요. 그래서 서로 사랑할 수도 결혼할 수도 없었어요.

"허허! 인간(人間)들이 너무 심심해¹ 보이는구나."
하늘에서 제우스²는 인간 세상을 보며 걱정했어요.
제우스는 신들을 모아 의논(議論)을 했어요.
"인간들에게 어떤 선물을 해 주면 즐겁게 살까?"
여러 신들이 의견을 내놓³았어요.
"더 많은 과일을 줍시다."
"꽃과 술을 줍시다."

그때 구석에서 어느 신이 조그마한⁴ 소리로 말했어요.
"인간이 모두 남자이니, 친구가 될 수 있도록 여자를 만들어 줍시다."
그 말에 제우스는 손뼉을 쳤⁵어요.

---

1 심심하다 无聊, 没意思
2 제우스 [Zeus][希神] 宙斯
3 내놓다 摆出来, 拿出来; 露出
4 조그마하다 小, 丁点儿
5 손뼉을 치다 鼓掌

"그래! 여자를 만들어 주자."

제우스는 흙⁶으로 올림포스⁷에 사는 여신과 비슷하게 생긴 여자를 만들었어요.

제우스는 만들어 놓은 여자를 보고 매우 흡족(洽足)해했어요.

다른 신들도 칭찬(稱讚)을 했어요.

신들은 만들어 놓은 여자에게 선물을 하나씩 주었어요.

"나는 이 여자에게 아름다움을 주겠고."

"나는 슬기로움⁸을 주겠소."

"나는 다정(多情)하고 부드러움을 주겠소."

마지막으로 헤르메스⁹가 나왔어요.

"여자여, 나는 너에게 호기심(好奇心)을 주마."

이리하여 여자는 많은 선물을 받았어요. 제우스는 여자에게 이름을 지어 주었어요.

"너의 이름은 이제부터 '판도라¹⁰'다. 잊지 말아라."

제우스는 인간세계로 가는 판도라에게 작은 상자를 주었어요.

"판도라야, 이 상자는 절대 열어보지 말아라."

"예, 제우스님."

판도라는 인간세계로 내려가 에피메테우스¹¹와 결혼했어요.

판도라와 에피메테우스는 하루하루를 즐겁게 보냈어요. 그런데 몇 달이 지나자, 판도라는 좀 더 재미있는 일을 찾기 시작했어요.

"무슨 재미있는 일이 없을까?"

"참! 제우스님이 주신 상자에는 무엇이 있을까?"

판도라는 망설이¹²다 결국 상자를 열었어요.

---

6 흙 土, 土壤
7 올림포스 [Olympus] 奥林匹斯山
8 슬기로움 智慧，机智，聪慧
9 헤르메스 [Hermes] [希神] 赫尔墨斯
10 판도라 [Pandora] [希神] 潘多拉
11 에피메테우스 [Epimetheus] [希神] 厄毗米修斯
12 망설이다 犹豫，踌躇

그런데 순간 상자에서 검은 연기(煙氣)가 나왔어요. 판도라는 깜짝 놀라 얼른[13] 뚜껑[14]을 닫았지만, 이미 일은 벌어지[15]고 말았어요. 상자에는 '병, 가난, 죽음, 질투(嫉妬), 원망(怨望)' 등 인간을 괴롭히는 나쁜 것들이 있었어요.

판도라는 두려움에 떨[16]었어요. 그때 상자 안에서 조그마한 목소리가 들렸어요.

"판도라, 나도 나가게 해줘요."

"네? 누구신데요?"

"나는 희망(希望)이랍니다. 인간에게 가장 소중(所重)한 친구예요."

판도라는 재빨리 뚜껑을 열었어요. 다행히[17]도 판도라가 희망을 나오게 하여, 인간들이 희망을 갖고 살 수 있게 되었던 거랍니다.

### 수호천사(守護天使)

어느 날 한 남자가 길을 걷던 중, 어떤 목소리를 들었다.

"멈춰! 한 발짝[18]만 더 가면 돌에 맞아 죽을 거야!"

남자가 걸음을 멈추자, 바로 앞에 큰 돌이 떨어졌다. 남자가 다시 길을 걷기 시작했다. 다시 목소리가 들렸다.

"멈춰! 한 발짝만 더 가면 차 사고로 죽을 거야!"

남자가 멈추자, 남자 앞에 차 한 대가 휙[19] 지나갔다. 남자가 물었다.

---

13 얼른 连忙, 赶快
14 뚜껑 盖子
15 벌어지다 裂开, 裂口
16 두려움에 떨다 因恐惧而发抖
17 다행히 幸亏, 幸好
18 발짝 脚步, 步
19 휙 呼啦, 呼, 嗖

"누구세요? 어디 있어요?"
"나는 당신의 수호천사야."
그 말을 들은 남자가 코웃음을 치[20]며 말했다.
"그래요? 그럼 내가 결혼할 때 도대체 어디에 가 있었어요?"

### ∽ 200명 중 하나 ∽

어느 회사에서 입사(入社) 시험을 치르[21]게 되었다.
1명의 직원(職員)을 뽑는 곳에 200명의 경쟁자(競爭者)가 몰렸[22]다.
사람들은 저마다[23] 가슴 졸이[24]며 입사 시험에 참여(參與)했는데, 시험 문제는 다음과 같았다.
"비가 내리고 천둥 번개[25]가 심하게 치는 늦은 밤 당신은 차를 운전(運轉)하고 가다가 버스 정류장에서 세 사람을 만났다. 형편[26] 상 한 명만을 태울 수밖에 없다면 다음 중 어떤 사람을 태우겠는가?
첫째, 자신의 생명을 구해 준 적이 있는 의사
둘째, 거의 죽어가는 할머니
셋째, 자신의 이상형(理想型)인 사람."
저마다 "생명을 구해 준 의사다." "거의 죽어가는 할머니다." "자신의 이상형이다."라며 제각기[27] 이유를 설명하여 제출(提出)했지만 최종적으로 합격한 사람은

---

20 코웃음을 치다 冷笑，付之以冷笑
21 치르다 考 ( 试 ) ; 办
22 몰리다 蜂拥而至；拥挤；被当成
23 저마다 各自，个个
24 가슴 졸이다 紧张，心慌
25 천둥 번개 雷电，闪电
26 형편 情形，状况
27 제각기 各自

이렇게 답(答)한 사람이었다.

"차 열쇠를 의사 선생님에게 드려 할머니를 병원으로 모시고 가게 한 후 저는 이상형과 함께 버스를 기다리겠습니다."

때로는[28] 극(極)히 당연한 일에서 떠나 좀더 폭넓[29]게 판단(判斷)해야 할 필요가 있지 않을까?

## ～ 늙은 아버지의 질문 ～

82세의 노인이 52세 된 아들과 거실에 마주[30] 앉아 있었다. 그때 우연히 까마귀 한 마리가 창가[31]의 나무에 날아와 앉았다. 노인이 아들에게 물었다.

"저게 뭐냐?"

아들은 다정(多情)하게 말했다.

"까마귀[32]예요. 아버지."

아버지는 조금 후 다시 물었다.

"저게 뭐냐?"

아들은 다시,

"까마귀라니까요." 라고 대답했다.

노인은 조금 뒤 또 물었다. 세 번째였다.

"저게 뭐냐?"

아들은 짜증이 났[33]다.

"글쎄, 까마귀라고요."

---

28 때로는 时而, 有时
29 폭넓다 广泛, 全面
30 마주 面对面地
31 창가 窗边
32 까마귀 乌鸦
33 짜증이 나다 心烦, 焦烦, 发脾气

아들의 음성(音聲)엔 아버지가 느낄 만큼³⁴ 분명(分明)하게 짜증이 섞여³⁵ 있었다.

그런데 조금 뒤 아버지는 다시 물었다.

네 번째였다.

"저게 뭐냐?"

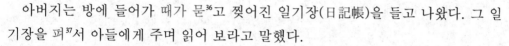

아들은 그만 화가 나서 큰 소리로 외쳤다.

"까마귀, 까마귀라고요. 그 말도 이해가 안 돼요? 왜 자꾸만 같은 질문을 반복(反復)하세요?"

조금 뒤였다.

아버지는 방에 들어가 때가 묻³⁶고 찢어진 일기장(日記帳)을 들고 나왔다. 그 일기장을 펴³⁷서 아들에게 주며 읽어 보라고 말했다.

아들은 일기장을 읽었다.

자기가 세 살짜리 아기였을 때의 이야기였다.

"오늘은 까마귀 한 마리가 창가에 날아와 앉았다.

어린 아들은 "저게 뭐야?" 하고 물었다. 나는 까마귀라고 대답해 주었다.

그런데 아들은 연(連)거푸³⁸ 23번을 똑같이 물었다.

귀여운 아들을 안아주³⁹며 끝까지 다정하게 대답해 주었다. 까마귀라고 똑같은 대답을 23번을 하면서도 즐거웠다.

아들이 새로운 것에 관심이 있다는 것에 대해 감사했고 아들에게 사랑을 준다는 게 즐거웠다."

자녀(子女)가 맛있는 음식을 먹는 것을 보고 부모님은 행복을 느낍니다. 자기 자식이 좋아하는 모습은 부모님의 기쁨입니다.

하지만 자녀들은 이 점을 모릅니다. 이 글을 통해 여러분들이 부모님의 사랑에 다시 한 번 감사할 수 있기를 바랍니다.

---

34 -만큼 （用于词尾 "-은/는/을" 之后，表示程度）到……的程度
35 섞이다 （被）掺和，（被）夹杂
36 때가 묻다 沾满灰垢
37 펴다 翻开，打开
38 연거푸 接连着，接二连三地
39 안아주다 抱，怀抱

### 아는 척도 하지 마!

시험만 봤다 하면 빵점[40]인 영만이에게 화가 난 아빠가 말했다.
"한 번만 더 빵점 받아 오면 아는 척도 하지 마!"
며칠 후 아빠가 퇴근하시자, 영만이는 아빠를 빤히[41] 쳐다보고는 이렇게 말하는 것이었다.
"아저씨는 누구세요?"

## 시골 쥐와 서울 쥐

하루는 시골에 있는 쥐가 서울에 있는 쥐를 자기 집 잔치[42]에 초대하였습니다.
"너 우리 집에 놀러 와. 맛있는 음식을 대접(待接)할게."
"응, 고마워. 멋진[43] 잔치가 있는 모양이구나!"
그래서 서울 쥐는 시골 쥐의 집으로 찾아왔습니다.
시골 쥐는 너무 기뻤습니다.
"어서 와. 많이 먹어."
시골 쥐는 쌀과 콩, 말린 열매[44]를 대접했습니다.
시골에서는 매우 정성(精誠)껏[45] 준비한 음식이었지만 항상 맛있는 음식만 먹던 서울 쥐는 그다지 좋지 않았습니다.

---

40 빵점 零蛋，零分
41 빤히 明明，清清楚楚
42 잔치 宴席，宴会
43 멋지다 棒，带劲，很艺术
44 말린 열매 干果
45 정성껏 精心地，认真地

"입에 맞지가 않아 먹지 못하겠다!"

"왜 그러니? 시골에서는 이런 것들이 제일 맛있는 것들인데……."

"그러니? 너는 참 불쌍하구나. 이런 시골구석[46]에서 개미나 박쥐[47] 같은 생활을 하다니. 이번에는 너를 우리 집에 초대할게. 우리 집에 오면 생선이랑 고기랑 여러 가지 과일 등 맛있는 것들이 얼마든지 있[48]거든."

서울 쥐는 시골 쥐에게 자기가 사는 도시를 자랑했습니다.

시골 쥐는 서울 쥐의 초대에 고마워했습니다.

"초대해 줘서 정말 고마워. 꼭 놀러 갈게."

시골 쥐는 서울 쥐의 집을 방문할 생각에 좋아서 잠도 못 이뤘[49]습니다.

'드디어 내일 서울로 간다.'

시골 쥐는 기쁜 마음으로 서울 쥐의 집을 찾아갔습니다.

"똑똑[50]! 계십니까?"

"어서 와."

서울 쥐가 시골 쥐를 반갑게 맞았습니다.

서울 쥐는 시골 쥐에게 집을 구경시켜 줬습니다.

시골 쥐는 으리으리한[51] 집을 보고 놀랐습니다.

"집이 정말 크네. 굉장하구나! 네가 내 친구라니 정말 자랑스러워."

"뭘 이런 걸 가지고."

서울 쥐는 흐뭇해했[52]습니다.

서울 쥐는 시골 쥐를 부엌으로 안내했습니다. 서울 쥐의 집에는 정말로 먹을 것이 많았습니다.

---

46 시골구석 村旮旯，穷乡僻壤
47 박쥐 蝙蝠
48 얼마든지 있다 要多少有多少
49 잠을 못 이루다 不能入睡，夜不成寐
50 똑똑 哆哆（敲门或小硬物的碰撞声）
51 으리으리하다 金碧辉煌
52 흐뭇해하다 心里美滋滋的

식탁 위에 올라가니 큰 빵과 과일, 치즈[53], 버터[54], 과자, 꿀[55], 생선, 고기 등(等)이 놓여 있었습니다.

시골 쥐는 눈이 둥그레졌[56]습니다.

"너는 참 행복하구나! 이렇게 맛있는 음식들이 많으니. 나는 네가 부럽다. 나는 그렇게 맛없는 음식을 먹어야 하고 어떤 때는 굶[57]기도 해야 하니 말이야."

시골 쥐는 자신의 처지(處地)가 슬펐습니다.

서울 쥐는 시골 쥐가 우습다[58]는 듯이[59], "얘, 먹고 싶거든 어서 실컷 먹어라. 사양(辭讓)하지 말고……" 라고 뽐내[60]며 말하였습니다.

"그래, 잘 먹겠다."

쥐들이 음식을 먹으려고 하는데 부엌문이 쾅! 하고 열리며 한 사람이 들어왔습니다.

서울 쥐는 시골 쥐를 끌[61]고 급하게 도망쳤습니다.

쥐구멍[62] 안으로 숨자, 서울 쥐는 숨을 헐떡이[63]며 말했습니다.

"휴우! 큰일날 뻔했[64]네."

시골 쥐는 서울 쥐의 행동에 어리둥절했[65]어요.

---

53 치즈 [cheese] 乳酪
54 버터 [butter] 黄油
55 꿀 蜜, 蜂蜜
56 둥그레지다 变圆
57 굶다 饿, 饥饿, 挨饿
58 우습다 好笑, 滑稽
59 –듯이 (词尾) 就像, 好像
60 뽐내다 卖弄, 炫弄
61 끌다 拖, 拽, 拉
62 쥐구멍 老鼠洞
63 숨을 헐떡이다 喘, 发喘
64 뻔하다 (常跟在动词后, 以 "–ㄹ/을 뻔했다" 的形式使用) 差一点儿……
65 어리둥절하다 迷糊, 发蒙; 不知所措

하지만 그 다음 날도, 그 다음 날도 이런 일이 반복되었지요.

며칠 뒤, 시골 쥐는 서울 쥐에게 말했습니다.

"그만 시골집으로 돌아가야겠어. 콩만 먹더라도 마음 편히 살고 싶어. 서울에서 이렇게 불안(不安)하게 사느니[66] 나랑 같이 시골로 가자."

서울 쥐는 부끄러워서 어쩔 줄 몰랐[67]습니다.

집으로 돌아온 시골 쥐는 다시는 서울로 가지 않았습니다.

---

66 -느니（连接词尾，用于动词之后）"与其……倒不如……"
67 어쩔 줄 모르다 不知如何是好

# 명작 감상

## 인어(人魚) 공주

깊은 바닷속 왕궁(王宮)에 인어공주가 살았어요.

인어공주가 아름다운 목소리로 노래를 부르면, 모두가 부러워했[68]어요.

그러나 인어공주는 바깥[69] 세상에 가 보고 싶었어요.

"아름다운 새 소리를 듣고 싶답니다." 왕이 약속했어요.

"오호, 네가 열다섯 살이 되면, 바다 위 세상을 구경해라."

"아이 좋아라!"

드디어 인어공주는 열다섯 살 생일날이 되었어요.

인어공주는 바다 위에 나갔어요.

공주는 멋있는 배를 보았어요. 그리고 배 위에 서 있는 멋있는 왕자님도 보았어요.

공주는 한눈에 왕자님에게 반했어요.

---

68 부러워하다 羨慕
69 바깥 外边, 外面

그러나 번개[70]와 천둥[71]이 치자, 배가 기울어졌[72]어요.

왕자님은 중심(重心)을 잃고 바다 깊숙이[73] 빠졌어요.

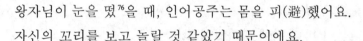

"어! 왕자님이 물에 빠지셨네. 얼른 구해야지."

공주는 왕자님을 구해 모래밭[74]에 눕혔어요.

공주는 밤새도록[75] 왕자님을 간호(看護)했어요.

왕자님이 눈을 떴[76]을 때, 인어공주는 몸을 피(避)했어요.
자신의 꼬리를 보고 놀랄 것 같았기 때문이에요.

그때 해변을 산책하러 나온 이웃 나라 공주님이 왕자님을 발견했어요.

인어공주는 매일 밤 바닷가에 나와서 서 있는 왕자님을 멀리서[77] 보았어요.

인어공주는 너무 슬펐어요. 사람이 되어 왕자님 곁에 있고 싶어졌어요.

인어공주는 마녀(魔女)에게 부탁했어요.

"그래. 사람으로 만들어 주지. 대신[78], 네 아름다운 목소리는 내게 다오[79]! 왕자가 다른 사람과 결혼하면 넌 물거품[80]

---

70 번개 闪电
71 천둥 雷, 雷声
72 기울어지다 倾斜; 大势已去
73 깊숙이 深深地
74 모래밭 沙滩
75 밤새도록 熬夜, 整夜
76 눈을 뜨다 睁眼
77 멀리서 远远地, 从远处
78 대신 可是, 但是; 代替
79 다오 （微敬阶命令式, 用于第一人称）给我……吧; 帮我（做）……吧
80 물거품 泡沫

이 된단다. 네가 꼭 왕자님과 결혼해야 한단다."
　인어공주는 모래밭에서 마녀가 준 약을 먹었어요. 그러자 커다란 아픔이 오더니 곧 사람이 되었어요.
　그때 바닷가로 산보(散步) 나온 왕자님이 공주를 발견했어요.
　왕자님은 벙어리가 된 인어공주를 궁(宮)으로 데려갔어요.
　벙어리가 되었지만, 공주는 왕자님의 곁에 살게 되어 행복했어요.
　왕자님은 이웃 나라 공주와 결혼하게 되었어요.
　"내 목숨[81]을 구해준 그 공주와 결혼하기로 했어요."
　'당신의 목숨은 제가 구했어요.'
　그러나 목소리가 나오질 않았어요.
　밤에 인어공주의 언니들이 바다 위에 나타났어요.
　인어공주에게 칼을 주며 말했어요.
　"이 칼로 왕자를 찌르[82]면, 넌 다시 인어가 될 수 있어. 안 그러면, 넌 물거품이 될 거야."
　결혼식 날 밤 인어공주는 칼로 잠든[83] 왕자님을 찌르러 다가갔어요.
　그러나 사랑하는 왕자님을 죽일 수가 없었어요.
　"차라리[84] 내가 물거품이 되고 말 테야."
　날이 밝자 인어공주는 물거품이 되어 하늘나라로 올라갔어요.

81 목숨 生命，性命
82 찌르다 刺，扎，捅
83 잠들다 睡着
84 차라리 宁肯，毋宁，倒不如

## 그대가 곁에 있어도 나는 그대가 그립다[85]

– 류시화

물속에는
물만 있는 것은 아니다
하늘에는
그 하늘만 있는 것이 아니다
그리고 내 안에는
나만이 있는 것이 아니다
내 안에 있는 이[86]여!
내 안에서 나를 흔드[87]는 이여!
물처럼 하늘처럼 내 깊은 곳 흘러서
은밀(隱密)한 내 꿈과 만나는 이여!
그대가 곁에 있어도
나는 그대가 그립다.

---

85 그립다 想, 怀念, 思念, 思慕
86 이 人
87 흔들다 动摇, 打动, 摇动

# 장화홍련전(薔花紅蓮傳)

세종 때 평안도 철산에 배무룡(裵武龍)이라는 사람이 있었어요. 그에게는 장화(薔花)와 홍련(紅蓮)이라는 예쁜 딸이 둘 있었어요. 하지만 그의 아내는 예전부터 많이 아팠어요.

어느 날 아내는,
"여보, 아무래도[88] 전 오래 살지 못할 거예요. 제가 죽더라도 장화와 홍련을 잘 길러주세요." 라고 말했고, 얼마 지나지 않아 세상을 떠났[89]어요.
새어머니는 집에 오자마자 장화와 홍련을 못살게 굴[90]었어요. 매일매일 소리를 질렀지요.
장화와 홍련의 눈에는 눈물이 마를[91] 날이 없었어요.
새어머니의 구박 속에서도 장화와 홍련은 착하고 예쁘게 자랐어요.
새어머니는 사이가 좋은 장화와 홍련을 떼[92]어 버리고 싶었어요.
"여보, 장화와 홍련이 매일 싸운답니다. 장화를 외갓집[93]에 보내는 게 좋겠어요."
배 좌수(座首)[94]는 새어머니 말만 들었어요.
"그러시오."
새어머니는 장화를 외갓집에 보낸다고 하고는 하인(下人)을 시켜 연못[95]에 장화를 밀[96]어버리라고 했어요.
장화는 울면서 외갓집에 가고 있었어요.
"아니, 여긴 외갓집이 아니야. 여긴 연못이잖아."

---

88 아무래도 不管怎么说，不管怎么样
89 세상을 떠나다 离开人世
90 굴다 行动，惹，弄
91 마르다 干
92 떼다 分开，拆开，摘下
93 외갓집 姥姥家，外祖家
94 좌수 座首（朝鲜时代地方自治机构乡厅之长）
95 연못 池塘
96 밀다 推

"바보야, 이제 알겠냐?"

하인은 장화를 연못에 **힘껏**[97] 밀었어요.

홍련은 매일 울며 장화 언니의 소식을 기다렸어요. 그러나 언니의 소식은 들리지가 않았어요.

"흑흑, 언니 어디 있는 거야. 흑흑. **파랑새**[98]야! 우리 언니 있는 곳을 가르쳐 줘."

파랑새는 연못으로 홍련을 데려갔어요.

"이 연못에 우리 언니가 있단 말이지?"

홍련은 언니를 따라 연못으로 **풍덩**[99] 뛰어 들었어요.

그 후 연못에는 밤만 되면 **흐느껴**[100] 우는 여자 울음소리가 들렸어요.

"흑흑! 너무 **억울해**[101]요. 흑흑."

마을 사람들은 너무나 무서워했어요.

이 사실을 안 임금님은 걱정을 했어요.

"임금님, 제가 가서 그 이유를 밝혀 백성들을 **보살피**[102]겠습니다."

정 선비[103]는 말을 타고 울음소리가 나는 연못 옆에서 잠을 청(請)했어요.

"흑흑! 너무 억울해."

울음소리가 들리더니, 찬바람이 정 선비의 어깨를 스치[104]고 지나갔어요.

정 선비 눈앞에 **머리를 길게 푼**[105] 두 여자가 있었어요.

"선비님, 너무 놀라지 마세요. 드릴 말씀이 있어서 왔습니다."

---

97 힘껏 使劲儿, 用力
98 파랑새 青鸟
99 풍덩 扑通
100 흐느끼다 抽咽, 哽咽
101 억울하다 冤枉, 委屈, 冤屈
102 보살피다 照顾, 扶持, 侍候
103 선비 书生, 儒生
104 어깨를 스치다 交臂, 擦肩而过
105 머리를 풀다 披散着头发

"저희는 새어머니의 계략(計略)으로 억울하게 죽었습니다. 저희의 원한(怨恨)을 갚아 주세요."

다음 날 정 선비는 새어머니와 하인을 불렀어요. 너무 놀란 하인은 사실대로 말을 했어요.

정 선비는 못된[106] 새어머니를 옥(獄)에 가두[107]었고 연못에서 장화와 홍련의 시체(屍體)를 찾아 따뜻한 곳에 묻어 주었어요.

그 후 연못에서는 여자의 우는 소리가 들리지 않았고, 그 마을 백성들은 행복하게 살 수 있었어요.

---

106 못되다（品质）坏，恶劣
107 가두다 关，关押，囚禁

# 5부 역사 이야기

## 선덕여왕

선덕여왕(善德女王)은 신라의 첫 여왕으로서, 나라를 위하여 사랑을 희생한 어질[108]고 슬기로운[109] 임금이었어요.

### 향기(香氣) 없는 꽃

신라 제26대 진평왕(眞平王) 때, 중국 당나라의 사신(使臣)이 신라를 방문해 비단[110]으로 만든 병풍(屛風)을 신라왕에게 바쳤어요.

진평왕이 병풍을 펴 보니 화려(華麗)한 꽃이 그려져 있었어요.

신라에서는 보지 못하던 꽃이었지요.

당나라 사신 유문소(庾文素)가 말했어요.

"모란[111]이라고 불리는 꽃입니다. 신라에 이 꽃이 없다기에 여기 씨앗[112]을 가져

---

108 어질다 仁慈, 善良
109 슬기롭다 智慧, 聪慧
110 비단 绸缎, 丝绸
111 모란 牡丹
112 씨앗 种子, 胚子

왔습니다."

그러자 진평왕과 함께 병풍의 꽃을 보고 있던 맏딸[113] 덕만(德曼) 공주가 말했어요.

"보기에는 아름다우나 꽃의 생명인 향기가 없나 봅니다."

진평왕은 놀라며, 그렇게 말한 까닭[114]을 물었어요.

"저 그림에는 꽃만 있을 뿐 벌[115]과 나비가 보이지 않습니다. 향기로운[116] 꽃이라면 당연히 꽃에 찾아올 텐데 말입니다."

다음 해에 대궐(大闕) 앞에 모란꽃이 곱[117]고 탐스럽[118]게 피었어요.
그런데 공주의 말대로 그 꽃은 전혀 향기를 피우지 않았어요.
모란꽃에 향기가 없다는 사실을 그림만 보고도 알아낸 덕만 공주의 총명(聰明)은 그 후로 더욱 빛나기 시작했지요.

### 여왕이 되다

총명함과 아름다움을 겸비(兼備)한 덕만 공주는 신라의 많은 젊은이들로부터 존경과 사랑을 받았어요.
그중에서도 영두랑이라는 이름을 가진 화랑(花郞)과 사랑을 나누게 되었어요.
진평왕에게는 아들이 없었는데, 맏딸 덕만 공주가 여왕이 되면 결혼을 하지 않고 평생(平生) 혼자 살아야 했지요.
덕만 공주는 임금이 되어 혼자 외롭게 사느니, 영두랑의 아내가 되고 싶었어요.
그러나 632년 진평왕은 숨을 거두[119]면서 왕위를 잇게 하라는 유언(遺言)을 남

---

113 맏딸 长女，大女儿
114 까닭 缘故，理由
115 벌 蜜蜂
116 향기롭다 香，有香味
117 곱다 俊俏，好看
118 탐스럽다 令人喜爱，讨人喜欢
119 숨을 거두다 （婉辞）咽气，断气

겼[120]어요.

평범(平凡)한 여자로 일생을 살겠다는 공주의 꿈이 깨어지게 되었지만, 그녀는 아버지의 유언을 거스를[121] 수가 없었어요.

이리하여 신라의 첫 여왕인 선덕여왕이 탄생하게 되었어요.

선덕여왕은 백성들의 어려움을 잘 보살펴, 죄수(罪囚)들을 풀[122]어 주고, 가뭄[123] 또는 홍수(洪水)가 든 해에는 세금(稅金)을 깎아 주거나 아예[124] 거두[125]지 않았어요.

## 선덕여왕의 업적

선덕여왕은 농사짓[126]는 일에도 큰 관심을 보였어요.

그리하여 첨성대(瞻星臺)가 세워지게 되었지요.

여왕은 하늘을 관측함으로써 백성들이 농사짓는 데 도움을 주고자 했던 것이지요.

첨성대는 오늘날까지 옛날 모습 그대로 경주에 남아 있는 위대한 문화재(文化財)이지요.

또 분황사(芬皇寺) 같은 유명한 절[127]도 지었고, 황룡사(皇龍寺) 안에는 9층 탑을 세웠어요.

이 탑(塔)은 그 시절 경주 어디에서나 볼 수 있도록 높이 만들어졌어요.

선덕여왕이 좋은 정치(政治)를 펼 수 있었던 것은 외교에 능한[128] 김춘추(金春秋)나 용맹(勇猛)한 장군 김유신(金庾信) 같은 훌륭한 사람들이 있었기 때문이에요.

---

120 남기다 留, 保留, 剩下
121 거스르다 违背, 抗拒；追溯
122 풀다 缓解；打开；释放
123 가뭄 干旱, 旱灾
124 아예 干脆
125 거두다 收, 收获
126 농사짓다 种地, 务农
127 절 寺, 寺庙
128 외교에 능하다 精于外交

선덕여왕은 647년에 세상을 떠났어요.
　자식이 없어 사촌[129] 동생인 승만(勝曼) 공주가 왕위를 이어받[130]았는데, 이분이 신라의 두 번째 여왕인 진덕여왕(眞德女王)이지요.

> 화랑(花郞): 신라 때, 청소년의 단체(團體). 또는 그곳에 속한 청년. 집안이 좋고 학식(學識)이 있으며 외모가 단정(端正)한 사람으로 조직(組織)되었다. 몸과 마음을 닦[131]고 사회(社會)에 이바지하[132]는 것을 목적(目的)으로 하였다.

---

129 사촌 堂兄弟，堂姐妹
130 이어받다 继承
131 닦다 钻研，修炼
132 이바지하다 贡献，奉献

# 6 부
# 인간 극장

## 금(金)도끼와 쇠도끼[1]

옛날 어느 마을에 착한 나무꾼이 살고 있었습니다.

어느 날 나무꾼은 나무를 하다가 실수(失手)로 옆에 있는 연못에 소중한 도끼를 빠뜨리고 말았습니다.

"아, 이를 어쩌지? 하나밖에 없는 도끼를 연못에 빠뜨리다니."

나무꾼이 슬픔에 젖[2]어 있는데, 갑자기 연못 속에서 백발(白髮)의 산신령이 나타났습니다.

"너는 왜 그렇게 상심(傷心)에 젖어 있느냐?"

"제가 나무를 하다가 하나밖에 없는 소중한 제 도끼를 연못에 빠뜨리고 말았습니다."

나무꾼이 울먹이[3]며 얘기하였습니다.

그 얘기를 들은 산신령은 연못 속으로 들어갔다가 번쩍거리[4]는 금도끼를 들고

---

1 쇠도끼 铁斧子
2 젖다 沉浸
3 울먹이다 哭丧着脸，欲哭
4 번쩍거리다 闪闪发光

나왔습니다.

"이 금도끼가 네 도끼냐?"

금도끼는 휘황찬란(輝煌燦爛)하게 빛나고 있었습니다.

그러나 착한 나무꾼은 솔직5게 말했습니다.

"그 금도끼는 제 도끼가 아닙니다."

나무꾼의 대답을 들은 산신령은 다시 연못 속으로 들어갔습니다. 그리고 이번에는 은도끼를 들고 나타났습니다.

"그럼, 이 은도끼가 네 도끼냐?"

"아닙니다. 제 도끼는 그냥 평범(平凡)한 쇠도끼입니다."

"그래? 이 은도끼도 네 도끼가 아니란 말이냐?"

"네, 산신령님."

산신령은 다시 연못 속에 들어가서 이번에는 나무꾼의 도끼인 낡6고 평범한 쇠도끼를 들고 나타났습니다.

"그럼, 이 쇠도끼가 네 도끼냐?"

"네. 맞습니다. 그게 제 도끼입니다. 감사합니다."

자신의 도끼를 찾은 걸 감사해 하는 착한 나무꾼에게 감동(感動)한 산신령이 말했습니다.

"착한 사람이로구나. 자, 이 금도끼와 은도끼도 함께 가져가도록 해라."

이렇게 부자가 된 착한 나무꾼의 얘기는 금방 마을에 소문이 났습니다.

그 얘기를 들은 욕심쟁이7 나무꾼은 자신도 부자가 되고 싶었습니다. 그래서 그 연못가8로 찾아가 일부러 도끼를 빠뜨리고 울고 있었습니다.

듣던 대로 산신령이 나타났습니다.

---

5 솔직하다 直率，坦诚

6 낡다 破，旧

7 욕심쟁이 贪心鬼

8 연못가 池塘边；莲花池边

"너는 왜 울고 있느냐?"
"제 도끼를 이 연못 속에 빠뜨렸습니다."
그 얘기를 들은 산신령이 연못 속으로 들어갔다가 쇠도끼를 가지고 나타났습니다.
"이 쇠도끼가 네 도끼냐?"
산신령의 말에 욕심쟁이는 "아닙니다. 제 도끼가 아닙니다." 라고 대답했습니다.

욕심쟁이의 말을 들은 산신령이 이번에는 금도끼를 가지고 나타났습니다.
"이 금도끼가 네 도끼냐?"
욕심쟁이는 기뻐하며 "네. 제 도끼가 맞습니다." 라고 대답했습니다.

그러자 산신령은 크게 화를 내며 욕심쟁이의 거짓말을 꾸짖[9]고 사라진 후 다시는 나타나지 않았습니다.
욕심쟁이는 결국 자신의 쇠도끼마저[10] 잃어버리고 말았습니다.

### 사람의 심리(心理)

어느 부동산(不動産) 업자(業者)가 죽어서 천당(天堂)에 가게 되었다.
천당 입구를 지키는 문지기[11]가 말했다.
"지금 천당은 사람이 꽉 차[12]서 더 이상[13] 들어갈 데가 없다!"

---

9 꾸짖다 斥责, 责怪
10 –마저 (添意词尾) 连
11 문지기 看门人, 守门员
12 꽉 차다 满满的
13 더 이상 再, 再也

그러자 부동산 업자가 말했다.
"그럼 나는 어디로 가란 말이오?"
"부동산 업자 중 한 사람을 지옥(地獄)으로 보내면 들어갈 수 있게 해 주겠다."
결국 부동산 업자는 꾀를 내[14]어 천당에 지옥의 땅값이 폭등(暴騰)했다는 루머[15]를 퍼뜨렸다[16].
그러자 천당에 있던 부동산 업자들이 너도나도 할 것 없이 지옥으로 내려갔다.
그런데 그 부동산 업자도 짐을 꾸려[17] 지옥으로 내려가려고 해 문지기가 물었다.
"아니 이제 천당에 들어갈 자리가 생겼는데 왜 지옥으로 가려고 하나?"
그러자 부동산 업자가 말했다.
"글쎄요, 뜬소문[18] 같지가 않아서요."

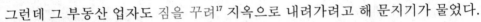

## 아버지의 눈물

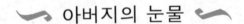

한 남자에게 초등학교 2학년 아들이 있었다.
아들은 만화(漫畫)책을 무척[19] 좋아했는데, 하루는 도서관에서 만화책을 몇 권 훔쳐[20] 왔다.
그 사실을 알게 된 아버지는 아들을 엄(嚴)하게 꾸짖은 다음 도서관에 데리고 가서 책을 돌려주[21]었다.

---

14 꾀를 내다 想計策，用計謀
15 루머 [rumor] 谣传，传闻
16 퍼뜨리다 传播，普及，推广
17 짐을 꾸리다 打行李，收拾行李
18 뜬소문 风闻，传闻
19 무척 相当，特别，极为
20 훔치다 偷，窃，偷盗
21 돌려주다 还，归还，退还

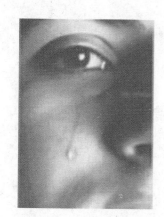

그런데 그 이듬해 여름, 아들이 서점에서 만화책을 또 훔쳐 왔다.

그다음 해에도 또다시 만화책을 훔쳤다.

계속된 꾸중[22]에도 아들의 문제는 해결(解決)되지 않았던 것이다.

아버지는 더 이상 아들의 문제를 그대로 둘 수 없다고 판단(判斷)했다.

아버지는 아들을 서재(書齋)로 끌고 가서 말했다.

"얘야, 아빠는 아직까지 너에게 매[23]를 한 번도 들지 않았다. 그건 매를 들지 않아도 네가 모든 일을 잘해 왔기 때문이다. 그러나 이제 책을 훔치는 것이 얼마나 나쁜 일인가를 가르쳐야겠구나."

아버지는 아들의 종아리[24]를 피가 맺히[25]도록 호되[26]게 때렸다.

아들은 눈물을 흘리며 서 있었고 아버지는 그런 아들을 내려다보며 말없이 서 있었다.

그런데 그 일이 있고 나서 아들은 더 이상 만화책을 훔쳐 오지 않았다.

어느 날 어머니가 아들에게 물었다.

"얘야, 그때 아빠 매가 무척 아팠나 보구나."

"아니에요. 그날 아빠에게 맞은 매는 하나도 아프지 않았어요."

"그래? 엄마는 네 나쁜 버릇[27]이 그 매 때문에 고쳐진 줄 알았는데."

"저는 그날 제 손등[28]으로 떨어지는 아빠의 눈물을 봤을 뿐이에요."

---

22 꾸중 责备, 指责
23 매 棍, 棒
24 종아리 小腿肚子
25 피가 맺히다 淤血
26 호되다 狠, 厉害, 严厉
27 버릇 习气, 习性
28 손등 手背

### 크게 웃으면 눈물이 나오는 까닭은?

　본래(本來) 눈물은 슬플 때만 나오는 것이 아니다. 기쁨, 즐거움, 후회 등 어느 감정(感情)에서나 눈물은 나올 수 있다.
　그러므로²⁹ 어쩌다³⁰ 크게 웃으면서 동시(同時)에 눈물을 흘린다고 해서 이상하게 생각할 필요는 없다.
　강렬(強烈)한 감정이 대뇌(大腦)를 자극하³¹면 눈물이 나온다. 눈물을 흘려서 감정을 풀³²기 위해서이다.
　크게 웃은 뒤 흘리는 눈물도 강렬한 감정의 자극으로 인한³³ 것이다. 하지만 입을 크게 벌리³⁴면서 눈물샘³⁵이 자극을 받아 눈물이 나오기도 한다.

### 누가 더 잘 알고 있을까요?

　젊은 자동차 정비사(整備士)가 헌 차³⁶를 한 대 싸게 샀다. 거의 굴러가³⁷지 않을 정도의 고물(古物)차를 열심히 수리해서 타고 달리니 기분도 좋았고 자기의 기술(技術)이 자랑스럽기도 했다.

---

29 그러므로 因此，所以
30 어쩌다 偶尔，间或，有时；不知怎么搞的
31 자극하다 刺激
32 풀다 缓解；打开；释放
33 인하다（主要使用 "-로 인하여"，"-로 인한"的形式）因为，由于
34 벌리다 张开，咧开
35 눈물샘 泪腺
36 헌 차 旧车
37 굴러가다 滚动，滚去

하루는 그 차를 운전하여 약간의 장거리를 여행하게 되었다. 그런데 중간에 엔진[38]에서 이상한 소리가 나더니 차가 멈춰[39] 버렸다.

젊은이는 우선 차에서 내렸다. 그리고는 엔진 뚜껑을 열어 어디가 이상한지 찾아보기 시작했다.

마침 지나던 차 한 대가 옆에 멈춰 서더니 노인 한 사람이 내려와 젊은 정비사의 곁에 와서 엔진을 함께 들여다보았[40]다.

청년 정비사는 그 노인을 바라보고,

"문제없습니다. 그냥 가세요. 나는 정비사이니까요." 라고 하면서 자신만만한 태도로 여기저기를 찾아 만져 보[41]았다.

그러나 고장(故障)을 고치지 못하고 발동(發動)은 여전히 안 걸렸다.

그때까지도 옆에서 지켜보고 있던 노인이 말했다.

"젊은이, 내가 좀 도와주지."

그러면서 손가락 한 개로 엔진의 한 부분을 톡 친[42] 후,

"자, 발동을 걸[43]어 보시오." 라고 했다.

의심(疑心)쩍[44]은 얼굴로 청년이 발동을 걸어 보니 엔진이 붕 붕 하며 잘 돌아갔다. 정비사 청년은 기가 막힌[45] 채 그 노인을 향하여 의아(疑訝)한 눈으로 물어보았다.

"고맙습니다. 그런데 도대체 당신은 누구십니까?"

그러자 노인은 대답했다.

"네. 나는 이 자동차를 만든 헨리 포드[46]입니다."

---

38 엔진 [engine] 引擎
39 멈추다 停，停止
40 들여다보다 往里看，仔细看；看透，看穿
41 만져 보다 摸，鼓捣，摆弄
42 톡 치다 轻轻地敲
43 발동을 걸다 发动，发动机器
44 의심쩍다 怀疑，奇怪，诧异
45 기가 막히다 不可思议；啼笑皆非；令人叫绝；无可奈何
46 헨리 포드 [Henry Ford] 亨利·福特

## 쥐들의 회의

쥐들은 고양이의 위협(威脅)에서 벗어날[47] 방법을 찾기 위해 회의를 하였습니다.

"고양이 때문에 정말 못 살겠어. 좋은 방법이 없을까?"

"어서 의견을 좀 내놔[48] 봐."

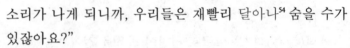

쥐들은 고양이를 없애[49]거나 고양이가 오는 것을 미리 알 수 있는 방법을 찾고 싶었습니다. 고양이 때문에 마음대로[50] 활동하지 못했기 때문이었죠.

쥐들이 모두 모여 의견을 나누었지만 좋은 방법을 찾지 못하였습니다.

아무 말 없이 이제까지 앉아 있던 생쥐[51]가 일어나 이런 말을 하였습니다.

"고양이 목에 방울[52]을 달아 줍시다. 고양이가 걸어 다닐 때마다 딸랑딸랑[53] 방울 소리가 나게 되니까, 우리들은 재빨리 달아나[54] 숨을 수가 있잖아요?"

여러 쥐들은 어린 생쥐의 의견을 찬성(贊成)하며 이런 의견을 낸 데 대해 칭찬을 하였습니다.

그때 늙은 쥐가 일어나서,

"여러분, 조용히 하시오. 대단히 좋은 의견입니다. 나도 기쁘게 생각합니다만, 한 가지 어려운 문제가 있습니다. 누가 그 고양이의 목에 방울을 달아 줄 것입니까?"

그 말에 쥐들은 갑자기 조용해졌습니다.

---

47 벗어나다 摆脱，逃脱
48 내놓다 摆出来，拿出来；露出
49 없애다 去掉，清除，消灭
50 마음대로 随心所欲，随便
51 생쥐 家鼠，鼹鼠
52 방울 铃铛
53 딸랑딸랑 丁零丁零地，丁零当啷地
54 달아나다 逃跑，逃走

아무도 고양이 목에 방울을 달고 싶지 않았습니다.
그 의견을 냈던 젊은 쥐는 슬슬⁵⁵ 눈치⁵⁶를 보다가, 자리를 피(避)하고 말았습니다.

*좋은 의견이란 실현(實現) 가능한 것이어야 합니다. 아무리 좋은 의견이라도 실천이 불가능한 것이라면 쓸모⁵⁷가 없는 것이지요.

먹고 살려면

고양이가 쥐를 쫓다가 그만 놓쳐⁵⁸ 버렸다.
아슬아슬한⁵⁹ 찰나(刹那)에 쥐구멍으로 들어가 버린 것이다.
그런데 쥐구멍 앞에 쪼그려 앉⁶⁰은 고양이가 갑자기 "멍멍⁶¹! 멍멍멍!" 하고 짖어 댔⁶²다.
"뭐야, 이거. 바뀌었나?"

쥐가 궁금하여 머리를 구멍 밖으로 내미⁶³는 순간 그만 고양이 발톱⁶⁴에 걸려들⁶⁵고 말았는데, 의기양양(意氣揚揚) 쥐를 물⁶⁶고 가며 고양이가 하는 말,
"요즘 같은 불경기(不景氣)에 먹고 살려면 적어도 2개 국어(國語)는 해야지!"

---

55 슬슬 悄悄地，轻轻地
56 눈치 神色；眼力见儿
57 쓸모 用处，用场
58 놓치다 错过
59 아슬아슬하다 惊险
60 쪼그려 앉다 蜷缩着蹲坐
61 멍멍 汪汪（狗叫声）
62 짖어 대다 叫，使劲叫
63 내밀다 伸出，探出
64 발톱 脚趾甲
65 걸려들다 套住，卷入
66 물다 咬，噙，衔

## 아들 삼 형제

아버지와 아들 셋이 살고 있었습니다. 그런데 이 집안은 하루도 조용할 날이 없었습니다.

왜냐고요?

그건 다름이 아니라 아들 삼 형제가 매일같이 싸움을 했기 때문이었습니다. 하루는 큰형과 둘째가 싸우는가 하면 그 다음 날은 둘째와 셋째가 싸우고, 또 그 다음 날은 셋째와 큰형이 싸우니 집안은 매일같이 시끄러웠습니다.

아버지는 아들들을 볼 때마다 걱정이 되었습니다.

"서로 우애(友愛) 있게 지내도 걱정스러운데 하루가 멀다 하고[67] 싸우니 이를 어떡해야 좋담[68]?"

그러던 어느 날이었습니다.

그날도 아들 삼 형제는 서로 티격태격[69] 싸우고 있었습니다. 아버지는 보다 못해[70] 싸우고 있는 아들들을 한자리에 모이도록 하였습니다. 그리고는 미리 준비해 둔 회초리[71] 한 묶음[72]을 꺼내놓았습니다.

"자, 이 회초리를 하나씩 빼[73]어서 부러뜨려[74] 보아라."

삼 형제는 무슨 영문[75]인지 몰라 어리둥절하였지만 아버지가 시키는 대로 회초리 하나씩을 빼어서 뚝뚝[76] 부러뜨렸습니다.

---

67 하루가 멀다 하고 三天两头

68 -담（用于谓词词干之后的基本阶终结词尾，动词词干之后须有时制词尾，表示"感叹"或"轻微的责备"）呀，呢

69 티격태격 互不投合，磕磕碰碰

70 -다 못해（用在谓词词干后，表示前面语句的动作或状态不能再继续下去，或者是程度到达极限）……不下去了；非常……

71 회초리（打人用的）树枝条，板子

72 묶음 捆，束

73 빼다 抽出，拿掉

74 부러뜨리다 折断，扳折

75 영문 缘由，缘故，所以然

76 뚝뚝 硬物连续落地或折断的声貌

"그럼, 이번에는 이 회초리 전부를 한꺼번에⁷⁷ 부러뜨려 보아라! 우선 첫째인 너부터 해 보아라!"

아버지는 첫째 아들에게 회초리 묶음을 내밀었습니다.

큰형은 회초리 묶음을 한꺼번에 꺾어 보려고 하였지만 도저히⁷⁸ 꺾어지지가 않았습니다.

"어? 이상하다. 아까⁷⁹ 하나씩 부러뜨릴 때는 잘 부러졌⁸⁰는데 한꺼번에 하려고 하니까 안 되네."

"그럼 이번에는 네가 해 보렴."

아버지는 둘째 아들에게 회초리 묶음을 내밀었습니다.

하지만 둘째 아들도 아무리 힘을 써도 부러뜨리지 못했습니다. 셋째 아들도 마찬가지⁸¹였습니다.

"자, 이제부터 내가 하는 말을 잘 들어라. 너희들이 아까 회초리 하나를 부러뜨릴 때는 쉽게 잘 되었지? 하지만 회초리 묶음을 한꺼번에 부러뜨리려고 하니 아무도 부러뜨리지 못했다. 그와 마찬가지로 너희들이 하나로 뭉치⁸²면 아무도 너희들을 넘볼⁸³수가 없지만, 너희들이 흩어지⁸⁴면 누구에게든 손쉽게 꺾임을 당한단다. 이제 알겠느냐?"

삼 형제는 모두 고개를 끄떡이며 그 이후부터는 서로 싸우지 않고 우애 있게 지냈답니다.

---

77 한꺼번에 一次，一下子
78 도저히 无论如何
79 아까 刚才
80 부러지다 断，断裂，折
81 마찬가지 一样，同样
82 뭉치다 团结，凝聚
83 넘보다 欺负；眼红，眼热
84 흩어지다 散，散开，散布

# 명작 감상

### 왕자와 거지[85]

옛날 영국의 왕실에서 왕자 에드워드가 태어났어요.
"으앙, 으앙."
바로 그때 한 거지의 집에서도 아들 톰[86]이 태어났어요.
어느덧[87] 두 사람은 소년이 되었어요. 톰의 아버지는 무서웠어요.
"나가서 밥 좀 얻어 와!"
톰은 아버지가 시키는 대로 했지만, 거짓말과 도둑질[88]을 결코[89] 안 했어요. 성당(聖堂)의 신부(神父)님은 톰에게 글을 가르쳐 주었어요.
"저는 '임금님과 왕자' 이야기가 재미있어요."

---

85 거지 乞丐
86 톰 [Tom] 汤姆
87 어느덧 不知不觉之间
88 도둑질 偷，盗窃，做贼
89 결코 绝对（不），一定（不）

톰은 신부님이 들려주는⁹⁰ 이야기를 들으며 꿈을 키워⁹¹ 나갔답니다.
"나도 왕자로 태어난다면 좋겠다."
어느 날 톰은 아버지에게 야단을 맞⁹²았어요.
"흑흑……."
톰은 슬퍼하며 집을 나왔어요.
걷다 보니 큰 궁전(宮殿) 앞에까지 오게 되었답니다. 궁전을 본 톰은 기뻐하며 문 앞으로 갔어요.
"여기가 어디라고 함부로⁹³ 오느냐?"
보초(步哨)⁹⁴가 길을 막으며 소리쳤어요. 톰은 놀라며 넘어졌⁹⁵어요.
그때 마침 에드워드 왕자가 나왔어요.
"무슨 일이냐?"
톰을 본 왕자는 보초들에게 말했어요.
"그 아이를 안으로 들여보내⁹⁶라."
왕자는 톰을 자기 방으로 데리고 갔어요.
"옷이 왜 그렇게 더럽니?"
왕자가 묻자 톰은 부끄러웠어요.
"왕자님, 저는 옷이 이것 하나밖에 없어요."
왕자는 장난스럽⁹⁷게 말했어요.
"정말 그거 편하겠군. 우리 옷을 바꿔 입어보지 않을래?"
옷을 바꿔 입은 두 사람은 거울 앞에 섰어요.
"야아! 정말 신기한 일도 다 있구나."

---

90 들려주다 讲给……听
91 키우다 培养，培育，培植
92 야단을 맞다 受训，挨批
93 함부로 乱，随便，随意
94 보초 步哨，岗哨
95 넘어지다 摔倒，跌倒
96 들여보내다 送进
97 장난스럽다 调皮的，顽皮的

두 사람은 너무 닮[98]아서 깜짝 놀랐어요.

"정말 누가 누군지 몰라볼[99] 것 같아요."

왕자는 옷을 갈아입[100]지 않은 채 보초들에게 달려갔어요.

"여봐라[101], 왕자인 나도 이 옷을 입으니, 거지 같아 보이잖아."

그러자 보초들은 모두 웃으면서 왕자를 내쫓[102]았어요.

"자기가 왕자라고? 미쳤[103]나 봐."

궁전에서 쫓겨난 왕자는 거리를 헤맸어요.

"이 녀석, 오늘도 놀았지?"

"전 톰이 아니에요."

막무가내(莫無可奈)로 톰의 아버지는 왕자가 톰인 줄 알고 그를 집으로 끌고 갔어요.

궁전에서는 왕자의 옷을 입은 톰이 어쩔 줄 몰라 했어요.

"왕자님, 식사 시간입니다."

"전 왕자가 아니랍니다."

그러나 신하들은 막무가내로 음식을 날랐[104]어요.

어느 날 왕자는 궁전 앞에서 말을 탄 기사(騎士)를 만나게 되었어요.

"자, 나와 함께 가자. 너를 지켜주겠다."

기사는 자기가 묵[105]고 있던 곳으로 거지가 된 왕자를 데려갔어요. 왕자는 이제까지 있었던 일을 기사에게 말해 줬어요.

"나와 함께 가자! 가면서 의논(議論)해 보자."

---

98 닮다 长得像
99 몰라보다 认不出
100 갈아입다 换穿，换上
101 여봐라 嗨
102 내쫓다 赶出去，撵走，驱逐
103 미치다 疯，发疯，着魔
104 나르다 运，搬运，送
105 묵다 投宿

　기사는 이렇게 말하면서 왕자의 말을 믿어주지 않았어요.
　국왕이 돌아가시는 바람106에 대관식(戴冠式)이 거행(擧行)된다고 주위가 시끄러웠어요. 금빛107 찬란한 옷과 왕관이 내려질 찰나(刹那)에 거지 옷을 입은 왕자가 뛰어 나서면서 말했어요.
　"멈춰라. 내가 진짜 국왕이 될 왕자다."
　모두들 깜짝 놀랐어요.
　"왕자님!"
　왕관을 받으려던 톰이 일어서서 외쳤108어요.
"왕자님, 잘 오셨어요. 얼마나 기다렸는데요."
대관식은 다시 거행되었어요.
　"이분이 정말 국왕이십니다. 만세(萬歲)!"
국왕이 된 에드워드는 톰에게 은혜를 갚았습니다.

---

106 바람 （常以 "-는 바람에" 的形式出现，表示 "原因"）因为，由于，作为……的后果（这种形式中表达的后果通常是不利的或负面的）
107 금빛 金色
108 외치다 呼喊，喊叫，呐喊

# 역사 이야기

## 김유신의 여동생 문희(文姬)

김유신(金庾信)은 신라 진흥왕(眞興王) 때의 유명한 장군입니다.
그가 태어났을 때 등[109]에 별 일곱 개가 새겨져[110] 있었는데, 사람들은 이것이 해와 달과 별을 상징(象徵)하는 것이라고 말했습니다.
김유신은 똑똑하고 검술(劍術)도 뛰어났습니다. 그래서 15세의 어린 나이에 화랑이 되었어요.
나중에는 삼국 통일에 앞장선[111] 대단한 인물이 되었지요.

### 꿈을 산 문희

김유신 장군에게는 보희(寶姬)와 문희라는 두 여동생이 있었습니다.
어느 날 밤, 언니 보희가 이상한 꿈을 꾸었습니다. 그래서 동생 문희에게 자기의 꿈 이야기를 했습니다.
"문희야, 꿈에 내가 남산에 올라갔는데 갑자기 오줌이 마려워[112] 바위 아래 숨어

---

109 등 背, 后背
110 새겨지다 （被）刻, 刻印
111 앞장서다 领头, 率先
112 오줌이 마렵다 想小便, 要小便

서 소변(小便)을 봤¹¹³단다.

그런데 세상이 내 오줌으로 가득 차¹¹⁴지 뭐야. 꿈이지만 참으로 부끄러웠단다."

문희가 언니의 꿈 이야기를 듣고 나서 이렇게 말했습니다.

"언니, 그 꿈을 나한테 팔지 않겠어요?"

"그런 꿈을 사겠다니, 무엇으로 사겠니?"

"내가 가장 아끼는 비단 치마를 줄게요."

"그 좋은 비단 치마? 그래, 팔기로 하지."

문희는 언니 보희에게 비단 치마를 갖다 주었습니다.

그다음, 문희는 언니 쪽을 향해 꿈을 받아들이¹¹⁵는 몸짓¹¹⁶을 했습니다.

보희가 큰 소리로 문희에게 말했습니다.

"내 꿈을 너에게 준다."

"그래요. 언니 꿈을 내가 받았어요."

### 김춘추(金春秋)와 김유신

한편 김유신은 김춘추라는 청년과 서로 아는 사이였어요.

김춘추는 잘 생긴 데다가 생각도 깊었습니다.

그가 당나라에 사신으로 갔을 때 당나라의 태종(太宗)이, "보기 드문¹¹⁷ 인물이다. 말솜씨¹¹⁸ 또한 대단하다." 하며 감탄했을 정도라고 해요.

김유신은 김춘추와 처음 만났을 때부터 그가 귀공자(貴公子)임을 알고 친한 친구가 되고 싶어했습니다.

---

113 소변을 보다 小便，小解
114 차다 满
115 받아들이다 接受，接纳
116 몸짓 动作，身姿
117 드물다 稀少，罕见
118 말솜씨 口才

그를 알게 된 이후 김유신은 늘 이렇게 생각했던 거죠.

'둘이서 협력(協力)하면 무슨 일을 못 이루랴[119]?'

한편 보희가 꿈을 꾼 지 얼마 되지 않아 정월(正月) 대보름[120]이 되었습니다.

그날 김유신은 김춘추를 자기 집으로 초대해 축구(蹴毬)를 하며 놀았습니다.

여기에서 '축구'란 청년들이 두 팀으로 나뉘어 공을 차[121]는 놀이입니다.

김유신은 공을 찰 때마다 김춘추의 옷자락[122]을 몰래 밟[123]아 옷자락이 터지[124]게 했습니다.

놀이가 끝난 뒤에야 옷자락이 터진 것을 안 김춘추는,

"축구 놀이가 얼마나 재미있었으면 옷자락이 터지는 줄도 모르고 있었군요."

하고 겸연쩍어했[125]습니다.

옆에 있던 김유신이 얼른 이렇게 말했습니다.

"아이고, 제가 실수(失手)했습니다. 이런 모습으로 거리를 지나 다니실 수 없을 겁니다. 그러니 저희 집으로 잠시 들어가 꿰매[126] 입고 가십시오."

김춘추는 처음에는 사양(辭讓)했으나 김유신이 간곡(懇曲)하게 말했으므로 이렇게 대답했습니다.

"그래야겠군요."

### 김춘추와 문희의 만남

김유신은 김춘추를 집 안으로 데려갔습니다.

김유신은 보희와 문희를 김춘추에게 소개한 다음, 보희에게 말했습니다.

---

119 -랴 (终结语尾，通常用于反问句) 难道……吗?
120 대보름 正月十五
121 차다 踢
122 옷자락 衣摆，衣角
123 밟다 踩，踏，践踏
124 터지다 破，破裂，开线
125 겸연쩍어하다 羞怯，难为情
126 꿰매다 缝，补

"보희야, 김춘추 공(公)의 옷자락이 터졌으니 네가 좀 꿰매 드리겠느냐?"

그러나 수줍음[127]이 많은 보희는 얼굴을 붉히며 이렇게 대답했습니다.

"싫어요. 그런 일로 어떻게 귀공자를 가까이할 수 있겠습니까? 저는 할 수 없어요."

그러자 김유신은 할 수 없이 문희를 불러 김춘추의 터진 옷자락을 꿰매 주라고 했습니다.

문희는 서슴[128]지 않고 비단실과 바늘을 가지고 와서 터진 옷자락을 정성껏[129] 꿰매 주었습니다.

김춘추가 몰래 쳐다보니 문희의 모습이 여간[130] 아름답지 않았습니다.

김유신은 모르는 체하며 자리를 비켜[131] 주었습니다.

김춘추의 가슴은 설레[132]기 시작했습니다.

'정말 예쁜 아가씨구나. 김유신 공에게 이렇게 예쁜 여동생이 있는 줄은 전혀 몰랐는걸. 또한 바느질 솜씨도 매우 뛰어나고…… 흠 잡[133]을 데 없는 미인이야.'

김춘추는 문희가 옷을 꿰매는 동안 넋을 잃[134]고 쳐다보았습니다.

김춘추는 김유신이 나간 틈을 타[135] 문희에게 물었습니다.

"다음날 다시 찾아와도 되겠소?"

문희는 미소(微笑)를 지으며 고개를 끄덕였습니다.

그 다음 날부터 김춘추는 문희를 만나려고 기회만 되면 김유신의 집을 찾아오곤 했습니다.

---

127 수줍음 害羞，羞怯
128 서슴다 犹豫，踌躇
129 정성껏 精心地，认真地
130 여간 （主要与否定词 "않다、아니다" 搭配使用）普通，一般（这种句子表达的意思一般是 "不是一般地……，非常……"）如: 여간 기쁘지 않습니다. 非常高兴。
131 비키다 让，走开
132 설레다 激动，激荡
133 흠 잡다 挑剔，找缺点
134 넋을 잃다 丢魂，失神，发呆
135 틈을 타다 乘机

## 김춘추와 문희의 결혼

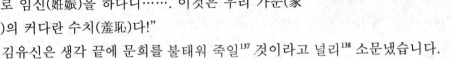

그런 일이 있은 몇 달 뒤에 문희는 아이를 갖게 되었습니다.

김유신은 문희를 불러 크게 혼냈습니다.

"문희야, 어찌[136] 이럴 수 있느냐! 처녀(處女)의 몸으로 임신(姙娠)을 하다니……. 이것은 우리 가문(家門)의 커다란 수치(羞恥)다!"

김유신은 생각 끝에 문희를 불태워 죽일[137] 것이라고 널리[138] 소문냈습니다.

당시의 임금은 선덕여왕(善德女王)이었습니다.

어느 날, 김유신은 선덕여왕이 남산으로 산책 나간다는 사실을 알아냈[139]습니다.

김유신은 집에 있는 하인(下人)들을 시켜 마당[140]에 젖[141]은 장작을 쌓으라고 했습니다.

그리고 선덕여왕이 남산에 오르는 시간에 여동생 문희를 장작 위에 올려놓[142]았습니다. 그다음에 불을 질렀[143]습니다.

젖은 장작이기 때문에 잘 타지 않고 연기(煙氣)만 하늘 높이 올라갔습니다.

선덕여왕이 말했습니다.

"웬 연기가 저렇게 나느냐?"

좌우(左右)에 있던 신하들이 대답했습니다.

"김유신 공이 자기 여동생을 불태우고 있나 봅니다."

---

136 어찌 怎么
137 불태워 죽이다 烧死
138 널리 广泛地
139 알아내다 探知，探听
140 마당 院子，场院
141 젖다 湿，打湿
142 올려놓다 放在……上
143 불을 지르다 放火，点火

"아니, 여동생이 무슨 죄를 지었기에 유신이 그런 짓¹⁴⁴을 하려고 하느냐?"
"그 여동생 문희가 시집도 가지 않았는데 임신을 하여 그런다고 합니다."
"그렇다면 그 아기의 아버지는 누구란 말이냐?"
이때, 선덕여왕을 모시고 있던 김춘추의 얼굴이 하얗게 변했습니다.
"말씀드리기 죄송하지만 소신(小臣)이옵니다."
선덕여왕은 그 말을 듣고 김춘추에게 명령(命令)을 내렸습니다.
"어서 가서 김유신의 여동생을 구하도록 하라!"
김춘추는 명령을 듣고 김유신의 집으로 향했습니다.
"유신 공은 불을 끄¹⁴⁵라는 임금님의 명령을 들으시오."
김유신은 곧 불을 껐습니다.
그 뒤, 선덕여왕은 김춘추와 문희가 결혼식을 올려도 좋다는 허락을 내렸습니다.

### 왕비가 된 문희

김유신은 선덕여왕이 정(情)이 많음을 알고 선덕여왕의 눈에 띄¹⁴⁶도록 일부러 연기를 많이 치솟¹⁴⁷게 하여 결국 여동생 문희를 김춘추와 결혼시켰던 것입니다.

김유신은 김춘추가 언젠가는 신라의 임금이 되리라고 예상(豫想)하고 있었습니다.

그래서 여동생들 가운데¹⁴⁸ 한 명을 왕비로 만들기 위해 일부러 김춘추의 옷자락을 밟았던 것입니다.

선덕여왕의 뒤를 이어 진덕여왕(眞德女王)이 임금이 되었고, 그다음에 김춘추가 임금 자리에 올랐습니다. 따라서 김유신의 여동생 문희는 왕비가 되었습니다.

김유신의 첫째 여동생 보희가 꾼 꿈은 바로 왕비가 될 꿈이었습니다. 그런데 그

---

144 짓 事, 勾当, 洋相
145 불을 끄다 关灯; 灭火
146 눈에 띄다 看见
147 치솟다 高耸; 冲天
148 가운데 中, 中间, 里面

경주 서악동에 있는 태종무열왕의 묘

꿈을 문희에게 팔아서 문희가 왕비가 된 것입니다.

　태종무열왕(太宗武烈王)이 된 김춘추는 김유신과 힘을 합(合)하여 삼국 통일의 기반(基盤)을 닦아 놓[149]았습니다.

---

149 닦아 놓다 铺下，打下

# 7 부
## 인간 극장

### 여우와 포도

어느 무더운 여름날이었습니다.

배가 몹시 고픈 여우 한 마리가 먹이[1]를 찾아 숲 속을 헤매고 다녔으나 먹이를 구(求)할 수가 없었습니다.

'이러다가는 굶어 죽겠다. 사람이 사는 마을로 한번 내려가 봐야지.'

이렇게 생각한 여우는 숲을 헤치[2]고 나와서 산길을 걷고 있었습니다.

그런데 얼마 가지 않아서 맛있어 보이는 포도가 주렁주렁 열려 있는 포도밭을 발견(發見)했습니다.

'우와! 이렇게 많은 포도가 있다니! 정말 맛있겠다.'

여우는 포도밭으로 들어섰습니다.

그러나 포도가 너무 높이 달려 있어서 여우의 키로는 도저히 따[3] 먹을 수가 없었습니다.

---

1 먹이 饲料, 食物
2 헤치다 拨开, 扒开
3 따다 采, 摘; 采用, 采取, 仿效

'어디 한번 뛰어 봐야지.'
여우가 한번 폴짝⁴ 뛰었더니 제일 낮게 늘어져⁵ 있는 포도송이들이 손에 잡힐 듯했⁶습니다.
'이번에는 좀 더 높이 뛰어봐야지.'
여우는 다시 한 번 힘껏 뛰어보았지만 처음만큼⁷도 못 뛰었습니다.

결국 여우는 자신이 먹기에는 포도가 너무 높은 곳에 있다는 것을 알게 되고 포기(抛棄)할⁸ 수밖에 없었습니다.
여우는 탐스럽게 익은 포도를 바라보⁹며 말했습니다.
"아마 저 포도는 무척 실¹⁰거야. 시어서 아무도 먹지 않을걸. 난 저렇게 신 포도는 싫어. 산속에는 맛있는 열매가 얼마든지 있는걸."
그리고 여우는 포도밭을 떠났답니다.
세상에는 자신의 능력이 부족(不足)해 포기하면서도, 이렇게 남¹¹을 원망(怨望)하는 사람이 있답니다.

## 배나무 할아버지

어느 마을에 누더기¹²를 입은 할아버지가 찾아왔어요.
"아! 목말라."
그때 배 장수가 지나갔어요.

---

4 폴짝 （使劲往上）蹦跳貌
5 늘어지다 下垂, 耷拉
6 손에 잡힐 듯하다 好像能抓着, 好像能够着
7 -만큼 （用于名词或代词绝对格之后, 表示程度）和……差不多, 像……一样
8 포기하다 放弃, 遗弃
9 바라보다 望
10 시다 酸
11 남 别人
12 누더기 破布, 破烂衣服, 衣衫褴褛

"미안하지만, 배 한 개만 주시오."

"돈을 내요. 공짜로는 못 줘요!"

보고 있던 사람들이 할아버지에게 배 한 개를 사 주었어요.

"고맙습니다."

할아버지는 배를 맛있게 먹었어요.

배를 다 먹고 난 할아버지는 씨[13]를 땅에 심고 주문(呪文)[14]을 외웠습니다.

"수리수리 마하수리……."

그러자 배나무 싹[15]이 쏙[16]!

싹은 금세[17] 쑥쑥[18] 자라서 배가 주렁주렁 달렸습니다.

"야아!" 사람들은 깜짝 놀랐어요.

할아버지는 배를 따서 사람들에게 나눠 주었습니다.

"자, 맛을 보시오. 그리고 얼마든지 가져가시오."

"꿀맛[19]이야, 꿀맛!"

모두 배를 한 아름[20]씩 안고 싱글벙글하며 돌아갔어요.

배가 다 없어지자 할아버지는 배나무를 베[21]어 버렸어요. 그러고는 배나무를 끌고 어디론가 가 버렸습니다.

배 장수는 그제야 자신의 수레[22]를 보았어요.

"앗! 배가 다 없어졌네! 손잡이[23]도 잘려[24] 나갔어! 그 할아버지는 신령님이 틀림없어!

---

13 씨 种子
14 주문 呪文
15 싹 芽, 萌芽
16 쏙 凸或凹之貌；一下子（起出来或掉进去之貌）
17 금세 马上, 立刻
18 쑥쑥 噌噌地
19 꿀맛 蜜, 甜蜜
20 아름 抱儿, 合抱
21 베다 剁, 砍, 割, 切
22 수레 牛车, 畜力车
23 손잡이 把手
24 잘리다 被砍断, 被截断

도술(道術)을 써서 손잡이를 배나무로 만들고 내 배를 나무에 열리게 했던 거야!"

배장수는 잘못을 뉘우쳤[25]어요. 그렇지만 할아버지는 두 번 다시 나타나지 않았습니다.

### 두 마리 다 주세요

한 여자가 닭집에 들어와서 닭들을 보여 달라고 했다.

마침 남아 있는 닭은 고작[26] 한 마리뿐이었지만, 주인은 그 사실을 말하지 않았다.

닭은 진열장(陳列欌) 밑 통[27]에 보관(保管)하고 있었으므로 주인은 그 속에서 마지막 남은 닭 한 마리를 꺼냈다.

그것을 본 여자가 약간 실망(失望)한 표정을 지으며 물었다.

"좀 더 큰 건 없나요?"

"있죠."

주인은 그렇게 대답하고 나서 그 닭을 도로[28] 통 속에 넣고는 그 속에서 이리저리[29] 흔들다가 다시 꺼내서 보여 주었다.

그러자 손님은 이렇게 말하는 것이었다.

"두 마리 다 주세요."

---

25 뉘우치다 悔悟, 醒悟, 忏悔
26 고작 就，只，仅仅
27 통 桶，槽
28 도로 又，返回
29 이리저리 这样那样，这里那里

## 아빠의 만 원

늦은 시각에 한 남자가 피곤한 몸으로 집에 들어왔다. 그의 다섯 살 난 아들이 문 앞에서 그를 기다리고 있었다.

"아빠, 저 궁금한 게 있는데 물어봐도 될까요?"

"그럼. 궁금한 게 뭔데?" 남자가 대답했다.

"아빠는 한 시간에 돈을 얼마나 버시나요?"

"그건 네가 상관(相關)할 문제가 아냐. 왜 그런 걸 물어보는 거냐?" 남자가 짜증 난 말투[30]로 말했다.

"그냥 알고 싶어서요. 말해 주세요. 한 시간에 얼마를 버시나요?"

아이가 다시 한 번 물었다.

"네가 정[31] 알아야겠다면 한 시간에 만 원이다."

"아......"

아이는 고개를 숙였다.

다시 아버지를 올려다보며 아이가 말했다.

"아빠, 저에게 오천 원만 빌려 주실 수 있나요?"

아버지는 매우 화가 나서 말했다.

"네가 돈을 빌려 달라는 이유가 고작 멍청한[32] 장난감이나 쓸모없는 것을 사려는 거라면, 당장[33] 네 방에 가서 잠이나 자거라. 나는 매일매일 힘들게 일하고 있고, 그런 것에 낭비(浪費)할 돈은 없다."

아이는 말없이 방으로 가서 문을 닫았다.

남자는 아들의 질문에 대해 생각할수록[34] 화가 났다.

어떻게 돈을 빌리기 위해 감(感)히[35] 그런 질문을 할 수가 있단 말인가?

---

30 말투 语气，口气
31 정 真，真的
32 멍청하다 发傻，犯傻，傻乎乎的
33 당장 立刻，马上
34 -ㄹ수록 （连接词尾，用在 "이다" 的词干、没有收音的或以 "ㄹ" 结尾的谓词词干后） 越……越……
35 감히 竟敢，敢

135

시간이 지나고 마음이 좀 가라앉[36]자, 남자는 자신이 좀 심했다는 생각이 들기 시작했다.

아마도 오천 원으로 꼭 사야만 할 뭔가가 있었던 것이겠지. 게다가[37] 평소(平素)에 자주 돈을 달라고 하던 녀석도 아닌데.

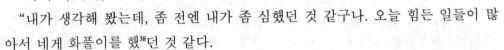

남자는 아들의 방으로 가서 문을 열었다.

"자니?" 그가 물었다.

"아니요, 아빠, 깨어 있어요."

"내가 생각해 봤는데, 좀 전엔 내가 좀 심했던 것 같구나. 오늘 힘든 일들이 많아서 네게 화풀이를 했[38]던 것 같다.

자, 여기 네가 달라고 했던 오천 원이다."

아이는 벌떡[39] 일어나서 미소 짓고는 "고마워요, 아빠!" 하고 소리쳤다.

그리고 베개[40] 아래에 손을 넣더니 꼬깃꼬깃한[41] 지폐(紙幣) 몇 장을 꺼내는 것이었다.

남자는 아이가 벌써 돈을 가지고 있었던 것을 보고 다시 화가 나기 시작했다.

아이는 천천히 돈을 세어 보더니, 아버지를 쳐다보았다.

"돈이 있었으면서 왜 더 달라고 한 거냐?" 아버지가 불쾌(不快)한 목소리로 말했다.

"왜냐면, 모자랐[42]거든요. 그렇지만 이젠 됐어요. 아빠, 제게 이제 만 원이 있어요. 아빠의 시간을 한 시간만 살게요. 내일은 조금만 일찍 집에 돌아와 주세요. 아빠랑 저녁을 같이 먹고 싶어요."

---

36 가라앉다 沉，下沉，平静
37 게다가 再加上，再说
38 화풀이를 하다 解气，出气
39 벌떡 霍地，一骨碌
40 베개 枕头
41 꼬깃꼬깃하다 皱皱巴巴
42 모자라다 不足，缺少，缺乏

### 레스토랑⁴³에서

오랜만에 고급 레스토랑에 간 가족.
부담(負擔)스러운 가격임에도 스테이크⁴⁴를 시켰다.
배불리⁴⁵ 먹었는데도 음식이 많이 남자 그냥 두고 가기가 아까웠다.
아버지는 음식을 싸⁴⁶달라고 하기에는 조금 민망한⁴⁷ 생각이 들어 웨이터⁴⁸에게 말했다.

아버지: 여보게, 웨이터! 남은 음식은 싸주게. 집에 개가 있어서.
그때 너무 똑똑한 아들이 말했다.
아들: 아빠, 집에 갈 때 개 사갈 거야?

## 예쁜 게 죄(罪)

나를 좋아한다는 사람이 몇 명 있던 터라, 나는 약간의 '공주병' 증세(症勢)를 보이고 있었다.
그러던 어느 날 PC방⁴⁹에 갔다.
컴퓨터를 한참 동안 사용한 다음, 돈을 내려고 계산대⁵⁰에 서 있었다. 그런데 한

---

43 레스토랑 餐馆, 餐厅, 饭店
44 스테이크 [steak] 肉排, 牛排
45 배불리 饱饱地
46 싸다 包, 围, 打包
47 민망하다 心里难受, 不过意, 难为情
48 웨이터 [waiter] 服务员, 服务生
49 PC방 网吧
50 계산대 收银台, 结账处

남자가 다가오는 것이었다.

"저기, 제가 낼게요."

수줍[51]은 듯 말을 건네는 그 남자를 보면서 부끄러운 척 살짝[52] 고개를 숙였지만, 속으로는 '자식, 보는 눈이 있어 가지고' 라고 생각하며 웃었다.

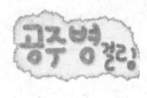

그리고 나는 "아니에요, 제가 낼게요" 라고 대답하면서 고개를 들었는데, 왠지[53] 그 남자의 시선(視線)은 다른 곳을 향해 있는 것 같았다. 얼른 뒤를 보니 다른 여자가 서 있었다.

얼굴이 빨개진[54] 것도 잠시, 너무 창피하고 당황스러워[55]서 돈을 던지다시피[56] 주고 막[57] 뛰었다.

그렇게 한참 뛰다 돌아보니 그 남자는 웃으면서 나를 쳐다보고 있었다. 정말 쥐구멍에라도 들어가고 싶은 심정(心情)이었다.

### 부끄러우면 왜 얼굴이 빨개질까?

사람의 신경(神經)은 자기 뜻대로 움직일 수 있는 신경과 그렇지 못한 신경으로 나뉜[58]다.

---

51 수줍다 羞涩，腼腆，不好意思
52 살짝 微微，稍稍；悄悄地；偷偷地
53 왠지 不知怎么地，总觉得
54 빨개지다 变红
55 당황스럽다 慌张，惶恐，张皇
56 -다시피 （词尾，跟在动词词干后）正如……，几乎……
57 막 刚刚；乱，胡乱；使劲地
58 나뉘다 被分为

안색⁵⁹이 빨개지거나 하얘지는 데는 이 두 신경이 깊이 관련(關聯)되어 있다.

예를 들면, 사람이 부끄럽다고 느낄 때에는 얼굴의 혈관(血管)이 확장되⁶⁰고 혈류량이 증가(增加)한다. 그래서 얼굴이 빨개지는 것이다.

반대로 화가 나거나 두려움을 느낄 때에는 혈관이 수축(收縮)하고 혈류량이 줄어든다. 그래서 얼굴이 하얘지는 것이다.

## 해와 달이 된 오누이⁶¹

어느 산골⁶²에 오누이가 살고 있었어요. 오누이의 어머니는 일을 하느라 늦게 들어오시곤 하셨어요. 그래서 오누이는 둘이서만 보내는 시간이 많았어요.

어느 날, 오누이는 여느 때⁶³처럼 엄마를 기다리고 있었어요.

"오빠! 엄마가 왜 이리 늦으실까?"

"그러게. 오늘은 다른 날보다 더 늦게 오시는 것 같다."

오누이가 이런 말을 나누고 있을 때, 밖에서 누군가가 문을 두드렸⁶⁴어요.

"얘들아! 엄마 왔다. 문을 열어다오⁶⁵."

---

59 안색 脸色
60 확장되다 扩张
61 오누이 兄妹，姐弟
62 산골 山村
63 여느 때 平时
64 두드리다 敲，打
65 다오 (微敬阶命令式，用于第一人称) 帮我 ( 做 ) ……吧；给我……吧

"오빠! 엄마 오셨다."
"그런데 엄마 목소리가 왜 이렇게 이상하지? 정말 우리 엄마 맞아요?"
"감기 걸려서 그래. 어서 문 열어."
"거 봐⁶⁶. 엄마 맞대잖아. 어서 문 열어."
"잠깐! 손을 내밀어 보세요."

문틈⁶⁷으로 들어온 손은 엄마의 손이 아니었어요. 털⁶⁸도 많고 매우 컸어요.
"이건 우리 엄마 손이 아니에요. 우리 엄마 손은 이렇지 않아요."
"하루 종일 힘들게 일해서 그래. 애들이 오늘따라⁶⁹ 왜 이러지? 문이나 열어라."
하지만 오빠는 계속 의심(疑心)했어요. 그래서 문틈으로 밖을 내다보⁷⁰았어요.
문밖에서 서 있는 것은 엄마 옷을 입은 호랑이였어요.
놀란 오빠는 비명(悲鳴)을 지를⁷¹ 뻔했어요.
'호, 호랑이다!'
오빠는 너무나 무서웠어요. 하지만 침착(沈着)하게 동생을 데리고 부엌문을 통해 뒤뜰⁷²로 나갔어요.
한편 밖에 서 있던 호랑이는 안에서 아무 소리도 없자 이상하게 여겼어요.
'왜 이렇게 조용하지? 에이, 문을 부수⁷³고 들어가자.'
호랑이가 방에 들어갔어요. 그러나 방에는 아무도 없었어요.

---

66 거 봐 啊哈，喏，看吧
67 문틈 门缝
68 털 毛
69 오늘따라 与往日不同，就今天特别
70 내다보다 向外看；向前看，展望
71 비명을 지르다 惨叫，尖叫，悲鸣
72 뒤뜰 后院
73 부수다 毁，毁坏

"여우 같은 것들! 어디로 도망갔지?"
호랑이는 집안을 온통[74] 살펴보았어요.
한편 오누이는 뒤뜰에 있는 나무에 올라갔어요.
호랑이는 우물로 갔어요. 거기에는 우물물에 비치[75]는 오누이의 모습이 보였어요.
호랑이는 나무 위를 올려다 보았어요.
'거기에 있었구나. 이 녀석들, 거기 올라가 봤자[76] 소용 없다.'
"애들아, 거기에 어떻게 올라갔니?"
"참기름[77]을 발라[78]서 올라왔지."
그 말에 호랑이는 부엌에서 참기름을 가져왔어요. 그리고 나무에 듬뿍[79] 발랐어요.
"흐흐흐. 이제 내가 너희를 잡아먹어 줄 테니 조금만 기다려라. 어어! 아이쿠!"
그러나 호랑이는 나무를 조금도 오르지 못하고 자꾸 미끄러지[80]기만 했어요.
호랑이는 나무를 오르려고 안간힘을 썼[81]어요.
이 모습을 보고 오누이는 한참 동안 웃었어요.
"호호호, 이 바보야! 도끼로 나무를 찍[82]어서 올라와야지."

"그런 방법이 있었구나. 알았다."
호랑이는 도끼를 갖고 왔어요. 그리고는 천천히 나무 꼭대기로 올라오고 있었어요.
오빠는 나무 꼭대기에서 기도(祈禱)를 했어요.
"하느님! 저희를 도와주세요. 저희를 살리[83]시려거든 튼튼한

---

74 온통 整个, 全部

75 비치다 映, 投映

76 -았/었/였자 （词尾, 表示即使是前文叙述的状态或行动实现也没用, 后面多接否定性内容）即使……, 就算……

77 참기름 香油, 麻油, 芝麻油

78 바르다 涂, 抹

79 듬뿍 满满地

80 미끄러지다 滑, 滑动

81 안간힘을 쓰다 费尽吃奶的力气, 费尽九牛二虎之力

82 찍다 砍, 劈；拍摄, 照

83 살리다 救, 活

동아줄⁸⁴을 내려 주시고, 저희를 죽이시려거든 썩⁸⁵은 동아줄을 내려 주십시오."

　기도가 끝나자 정말로 하늘에서 동아줄이 내려왔어요.

　오누이는 재빨리 동아줄에 매달렸어요.

　나무 꼭대기에 올라온 호랑이도 기도를 했어요. 그러자 똑같이 동아줄이 내려왔어요.

　"오, 하느님! 감사합니다."

　그러나 호랑이가 잡은 동아줄은 썩은 동아줄이었어요. 얼마 못 올라가 동아줄은 뚝⁸⁶ 끊어지고 말았어요. 결국 땅에 떨어진 호랑이는 죽고 말았어요. 그리고 오누이는 무사(無事)히⁸⁷ 하늘나라로 올라갔어요. 그래서 밤이 무서운 동생은 해가 되고 오빠는 달이 되었답니다.

---

　84 동아줄 绳子, 绚
　85 썩다 腐烂, 腐朽
　86 뚝 喀吧（物品折断声）
　87 무사히 无事, 好好儿地, 平平安安地

# 명작 감상

## 아낌없이[88] 주는 나무

먼 옛날에 한 그루의 나무가 있었습니다. 그리고 그 나무에게는 사랑하는 한 소년이 있었습니다.

그 소년은 하루도 빠짐없이[89] 나무에게로 와서 떨어지는 나뭇잎을 한 잎 두 잎 주워 모았습니다. 그리고는 나뭇잎으로 왕관(王冠)을 만들어 쓰고는 숲 속의 왕자가 되어 놀았습니다.

소년은 나무에 기[90]어 올라가서는 나뭇가지에 매달려[91] 그네도 뛰[92]고 사과도 따 먹고는 했습니다.

나무와 소년은 가끔 숨바꼭질[93]도 했습니다.

---

88 아낌없이 毫不吝惜地，毫无保留地
89 빠짐없이 毫无遗漏地，全都
90 기다 爬
91 매달리다 悬吊，打提溜；纠缠
92 그네를 뛰다 荡秋千
93 숨바꼭질 捉迷藏

　그러다가 피곤해지면 소년은 나무 그늘[94]에서 단잠[95]을 자기도 했습니다.

　소년은 나무를 너무나 사랑했고, 나무는 행복했습니다.

　하지만 시간은 흘러갔습니다. 그리고 소년은 차차[96] 나이가 들어갔습니다. 그래서 나무는 혼자 있을 때가 많아졌습니다.

　그러던 어느 날 소년이 나무를 찾아갔을 때 나무가 말했습니다.

　"애야, 내 줄기[97]를 타고 기어 올라가서 가지[98]에 매달려 그네도 뛰고 사과도 따 먹고 그늘에서 놀면서 즐겁게 지내자."

　"나는 이제 나무에 올라가 놀기에는 너무 커 버렸는걸. 나는 물건을 사고 싶고 신나게 놀고 싶단 말이야. 그리고 돈도 필요해. 나에게 돈을 좀 줄 수 없겠니?"

　하고 소년이 말했습니다.

　"미안해. 나에겐 돈이 없어."

　나무가 시무룩하[99]게 말을 이었습니다.

　"내겐 나뭇잎과 사과밖에 없어. 애야, 내 사과를 따 도회지(都會地)에 가져가 팔지그래[100]? 그러면 돈이 생길 거고, 너는 행복해질 수 있을 거야."

　"고마워."

　소년은 나무 위로 올라가 사과를 많이 땄습니다. 그리고 어딘가로 갔습니다.

　나무는 행복했습니다.

　그러나 떠나간[101] 소년은 오랜 세월 동안 돌아오지 않았고, 그래서 나무는 슬펐습니다.

---

94 그늘 树荫，荫凉
95 단잠 熟睡，酣睡
96 차차 渐渐
97 줄기 茎，干
98 가지 树枝，枝
99 시무룩하다 不高兴
100 그래（助词，跟在"-구먼，-군，-지"之类的词后，表示强调）嘞
101 떠나가다 离开

어느 날, 소년이 돌아오자 나무는 너무나 기뻐 몸을 흔들며 말했습니다.

"애야, 내 줄기를 타고 기어 올라와 가지에 매달리렴."

"아냐. 나는 나무에 올라가 놀 수 있을 만큼 한가(閑暇)롭지 않단 말이야."

"그럼?"

"내게는 나를 따뜻하게 해 줄 집이 필요해. 아내도 있어야겠고 어린애들도 있어야겠어. 그래서 집이 필요하단 말이야. 너 나에게 집 하나 마련해¹⁰² 줄 수 없겠니?"

"나에게는 집이 없단다."

"후우."

"애야, 나에게는 이 숲이 나의 집이야. 그렇다면 너는 내 가지들을 베¹⁰³어다 집을 짓¹⁰⁴지그래. 그럼 너는 행복해질 수 있을 거야."

"고마워."

소년은 나뭇가지들을 베어 자기 집을 짓기 위해 가져갔습니다.

나무는 행복했습니다.

그러나 떠나간 소년은 오랜 세월 동안 돌아오지 않았습니다.

이윽고¹⁰⁵ 그가 돌아오자, 나무는 말할 수 없이 기뻐 이렇게 속삭였¹⁰⁶습니다.

"애야, 이리 와 놀자."

"아냐. 나는 이제 나이가 너무 들었고 비참(悲慘)해서 놀 수가 없단 말이야. 그래서 나를 먼 곳으로 데려가 줄 배 한 척¹⁰⁷이 있으면 좋겠어. 너 나에게 배 한 척을 마련해 줄 수 없겠니?"

---

102 마련하다 准备好，置办
103 베다 砍，割，伐
104 집을 짓다 建房子
105 이윽고 不一会儿，就快，既而
106 속삭이다 说悄悄话，窃窃私语
107 척 艘，只

"그럼 내 줄기를 베어다 배를 만들면 어때?"

"고마워."

"배를 만들면 너는 멀리 떠나갈 수 있고, 그러면 행복해질 수 있을 거야."

그리하여 소년은 나무의 줄기를 베어 배를 만들었습니다. 그는 배를 타고 멀리 떠나가 버렸습니다.

나무는 행복했습니다.

오랜 세월이 지난 뒤에 소년이 다시 돌아왔습니다.

"애야, 미안하구나. 이제는 너에게 줄 것이 아무것도 없어. 사과도 없고."

"나는 이[108]가 나빠져 사과를 먹을 수가 없단 말이야."

"내게는 이제 가지도 없으니 네가 그네를 탈 수도 없고……."

"나뭇가지에 매달려 그네를 타기에는 나는 이제 너무 늙었어."

"내게는 줄기마저 없으니 네가 기어오를 수도 없고……."

"나는 힘이 없어 기어오를 수도 없단 말이야."

소년의 말에 나무가 한숨 지[109]으며 말하기를,

"미안하다. 무엇이든 너에게 주고 싶은데. 내게 남은 것이라곤 늙어 빠진[110] 나무 밑동[111]뿐이야. 미안해."

나무가 말하자 늙은 남자는,

"내게 필요한 것은 없어. 앉아 쉴 자리만 있으면 좋겠어."

하고 대답했습니다.

"앉아 쉬기에는 늙은 나무 밑동보다 더 좋은 곳은 없지. 이리 와서 앉아 푹 쉬도록 해."

남자는 시키는 대로 나무 밑동에 걸터앉[112]았습니다.

나무는 행복했습니다.

108 이 牙, 牙齿

109 한숨 짓다 叹了一口气

110 늙어 빠지다 老掉牙的 （빠지다跟在部分形容词后, 以 "아/어, 여 빠지다" 的形式出现, 强调前面形容词的程度非常深, 并且含有一种不满意的语感在内）

111 밑동 根部, 底端

112 걸터앉다 坐, 骑坐

# 역사 이야기

## 에밀레종(鍾)[113]

신라 시대의 35대 왕인 경덕왕(景德王) 때의 일이에요. 나라에서는 새로운 종을 만들려고 했어요.

"이 세상에서 가장 아름다운 소리를 내는 종을 만들어 백성들의 평안을 빌어 다오."

"네, 그렇게 하옵소서, 마마[114](媽媽)."

백성들은 앞다투어[115] 시주를 했[116]어요.

새 종은 많은 사람들의 정성(精誠)으로 만들어졌어요.

봉덕사(奉德寺)에 새로운 종이 걸리는 날이었어요.

"아니, 이게 무슨 소리요?"

"아니, 이거 종소리가 왜 이러지요?"

경주 에밀레종(성덕대왕신종, 聖德大王神鍾)

---

113 에밀레종 童子钟
114 마마 陛下；娘娘
115 앞다투다 争先恐后
116 시주하다 施舍，施斋

"아, 웬 놋쇠그릇이 깨지¹¹⁷는 소리야?"
사람들은 술렁이¹¹⁸기 시작했어요. 경덕왕도 실망이 대단했어요.
"다시 한 번 종을 만듭시다."
그러나 아무리 노력해서 종을 만들어도 계속해서 종소리는 놋쇠그릇 깨지는 소리가 났어요.
"어허, 이거 큰일이군."
종을 만드는 스님¹¹⁹들도 많은 걱정을 했어요.
"또 백성들에게 시주를 얻어야 하다니······."
시주를 계속해서 받는 스님 또한 마음이 괴로웠어요.
"이번만큼은 정말 훌륭한 종이 만들어져야 할 텐데······. 나무아미타불 관세음보살¹²⁰······."
어느 날 스님이 어느 집에 이르렀¹²¹습니다.
"나무관세음보살, 시주를 얻으러 왔습니다."
"스님, 죄송합니다. 저희는 너무 가난해 시주를 드릴 게 없습니다. 제 딸이라도 시주하면 몰라도¹²²······."
스님은 깜짝 놀랐습니다.
"딸을 시주로 주시다니요? 그게 무슨 말이오?"
스님은 깜짝 놀라 손을 내저¹²³은 후, 발길을 돌렸¹²⁴어요.
그날 밤 스님은 부처님¹²⁵ 앞에서 빌었어요.
"부처님! 제발 온 백성들이 고통(苦痛)을 잊을 만큼 아름다운 소리를 내는 종을 만들게 해 주십시오."

---

117 놋쇠그릇이 깨지다 黄铜碗破碎
118 술렁이다 骚动，激荡
119 스님 僧人，和尚（敬语）
120 나무아미타불관세음보살 南无阿弥陀佛观世音菩萨
121 이르다 到，到达
122 -면 몰라도 （表示在诸如前一分句之类的条件下存在例外）如果是······还说不定（可以）
    如：집에서면 몰라도 밖에서 밤에 만나는 것은 안 된다.如果是在家里还说不定能行，晚上在外边是不可以见面的.
123 내젓다 挥，摇
124 돌리다 回转；转动
125 부처님 佛爷，佛祖

그때 어디에선가 목소리가 들려왔어요.
"왜 너는 시주를 받지 않았느냐?"
스님은 깜짝 놀라 주위를 돌아보았어요.
"내가 잘못 들었나? 나무관세음보살."
"왜 시주를 받지 않았느냐? 시주를 빠짐없이 받도록 하여라."
그제야 스님은 그것이 부처님의 말씀이라는 것을 알았어요.
"도대체 내가 누구의 시주를 받지 않았다는 건가?"
스님은 곰곰이[126] 생각했어요.
"아! 그때 자신의 딸을 시주로 내놓겠다던 여인(女人) 말인가? 이 일을 대체 어찌하면 좋은가? 아이를 시주로 받다니."
스님은 고민을 했어요. 며칠이 지나지 않아 스님의 머릿속이 맑아지며, 부처님의 뜻을 깨달[127]았어요.
"그래. 이 아이를 종소리에서 영원히 살게 하려는 것이었어."
스님은 벌떡[128] 일어나 마을로 내려갔어요.

"나무아미타불 관세음보살."
스님은 아이를 시주한다는 여인을 찾아갔어요. 아이의 엄마는 무엇을 알고 있었는지, 스님과 아이의 얼굴을 번갈아보[129]며 아이의 손을 스님에게 내밀었어요. 아이의 어머니 눈에는 끊임없이[130] 눈물이 흘렀어요.
그로부터 오랜 시간이 흘러 마침내 종이 완성됐어요.
많은 사람들이 종소리를 들으러 몰려들[131]었어요.

---

126 곰곰이 仔细地，细细地
127 깨닫다 领悟，醒悟
128 벌떡 霍地，突然
129 번갈아보다 轮番着看，轮换着看
130 끊임없이 不断地，接连不断地
131 몰려들다 涌进，蜂拥而至

지금까지 들어본 적이 없는 아름다운 소리였어요.

그러나 그 소리는 시간이 흐를수록 "에밀레, 에밀레." 하며 어린아이[132]가 슬프게 엄마를 부르는 소리처럼 들렸어요.

그 뒤, 사람들은 그 종을 '에밀레종'이라고 불렀어요.

---

132 어린아이 小孩

# 8부

## 인간 극장

### 젊어지는 샘물

할머니와 할아버지가 단(單)둘이 살아가고 있었습니다. 그들은 약초(藥草)를 캐¹며 살아가는데 살림²이 매우 어려웠습니다. 그러나 착한 마음을 가진 할아버지와 할머니는 재물(財物)에 대한 욕심(慾心)이 없어 행복했습니다.

어느 날 약초를 캐기 위해 깊은 산속으로 들어간 할아버지 귀에 새 울음소리가 들렸습니다.

"저런³, 누가 이 깊은 산 속에 그물⁴을 놓⁵았구나."

할아버지는 그물에 걸려⁶ 울고 있는 파랑새⁷를 구(救)해 주었습니다.

며칠 후, 산속을 헤매는 할아버지 앞에 파랑새가 나타났습니다.

---

1 캐다 开采，挖掘
2 살림 生计，生活
3 저런 哎哟
4 그물 网，圈套
5 놓다 放，布置，安装
6 걸리다 被挂上，被挂住
7 파랑새 青鸟

151

"아니, 넌 그 파랑새 아니냐!"

"예, 할아버지, 전 할아버지 덕분에 이렇게 건강하게 지내게 되었어요."

"이 숲엔 또 왜 나타났니? 아직도 곳곳에 그물이 있어 위험(危險)하단다."

"저의 생명을 구해주셨으니, 할아버지께 은혜(恩惠)를 갚고 싶어요. 저를 따라오세요."

할아버지는 파랑새를 따라 한참을 걸어갔습니다.

마침내, 새가 알려준 곳에 왔습니다.

그곳은 옥(玉)처럼 맑고 푸른 물이 흐르는 샘이었습니다.

"참으로 맑은 샘이로구나."

물을 마시고 난 할아버지 몸에 이상한 변화가 생겼습니다.

"아니 왜 이렇게 얼굴이 당길까? 이 손 좀 봐! 주름살이 없어졌네."

"할아버지, 이 샘물은 젊어지는 샘물이랍니다. 어서 물을 더 드시고 오래오래 사세요."

물을 마시고 젊은이가 된 할아버지는 뛰어서 집으로 돌아왔습니다. 그런데 집에 있던 할머니는 갑자기 젊은이가 뛰어들자, 깜짝 놀라며 물었습니다.

"아니, 젊은이는 누군데 남의 집에 함부로 들어오는 거야?"

"할멈, 나야. 영감이라고. 이 옷을 보란 말이야."

할아버지는 할머니에게 젊어지는 샘물에 관(關)한 얘기를 해 주었습니다.

이 마을에는 아주 욕심 많은 할아버지가 있었습니다.

---

8 맑다 清澈，清亮
9 샘 泉
10 얼굴이 당기다 脸（皮肤）发紧
11 주름살 皱纹，褶子
12 함부로 随便，随意
13 할멈 老婆子，老妇

그 할아버지는 달려가서 물을 많이 마셨습니다. 그런데 물을 너무 많이 마신 할아버지는 그 자리에서 아기가 되어 버렸습니다.

착한 할아버지는 할머니에게도 물을 마시게 하려고 할머니를 데리고 갔습니다. 거기에는 한 아기가 울고 있었습니다.

할머니가 놀란 얼굴로 물었습니다.

"누군가 물을 너무 많이 마셔 아기가 되어 버린 모양이야."

할아버지가 말했습니다.

할머니는 젊어지는 샘물을 마시고 젊은 여자가 되었습니다.

이제 젊은 부부가 된 두 사람은 아기를 안고 집으로 돌아와 행복하게 살았습니다.

깔깔 유머

### 목사(牧師)님의 질문

어느 교회에서 목사님이 설교(說敎)를 하고 있었다.

"여러분들 중에 미워하[14]는 사람이 하나도 없으신 분, 손들어 보세요."

아무 반응(反應)이 없자, 다시 물었다.

"아무도 없습니까? 손들어 보세요."

그때, 저 뒤에서 한 할아버지가 손을 들었다.

목사는 감격스러운[15] 목소리로

"할아버님, 어떻게 하면 그럴 수 있는지 우리에게 말씀해 주세요." 라고 말했다.

나이가 들어서 힘없는 목소리로 할아버지께서 말씀하셨다.

"응, 있었는데 다 죽었어."

---

14 미워하다 仇视, 憎恨
15 감격스럽다 激动, 感动

## 어떤 배신(背信)

어느 추운 겨울 저녁.

한 변호사가 급하게 차를 몰다가 옆에서 달리던 차를 박[16]아버렸다.

다행히 다친 사람은 없었지만 차량이 파손(破損)되었다. 때문에 사고 수습(收拾)과 보험 처리를 위해 경찰에 먼저 연락을 했다.

서로의 소개가 있었는데, 피해(被害) 차량의 운전자는 의사였다.

변호사는 자신의 불찰(不察)을 거듭[17] 사과한 뒤 곧 경찰이 오면 잘 수습될 것이라고 의사를 안심(安心)시켰다.

그러고는 날씨가 몹시 추우니 경찰을 기다리는 동안 몸이나 녹이[18]자며 자신의 차 트렁크[19]를 열고 반 정도 남아 있는 위스키[20]를 가져왔다.

뚜껑을 연 위스키를 의사에게 건네[21]며 먼저 한잔하라고 권했다.

그러잖아도 몹시 추웠던 의사는 고마워하며 한 모금[22] 마시고는 당신도 한잔하라고 권했다.

그러나 변호사는 뚜껑을 닫으며 의사에게 얘기했다.

"저는 이따가[23] 경찰의 조사가 끝나면 마시죠, 뭐."

---

16 박다 撞；钉
17 거듭 反复，一再
18 몸을 녹이다 暖暖身子
19 트렁크 [trunk] 旅行箱；（汽车尾部的）后备箱
20 위스키 [whiskey] 威士忌
21 건네다 交给，交付；（使）渡，（使）涉
22 모금 口
23 이따가 等一会儿，一会儿

### 전화국(電話局)에서 전화선을 연결하러 왔는데요?

한 젊은 변호사가 개업(開業)을 하여 사무실을 꾸미[24]고 있었다.

그 첫날 중년(中年)의 남자가 찾아왔다.

이를 본 젊은 변호사는 '첫 손님에게 풋내기[25] 변호사로 보여서는 안 되지.' 라고 생각하여 얼른 전화기를 들고 말을 하였다.

"김 사장님, 지금 바빠서요. 글쎄, 이번 주는 도저히 시간을 낼 수가 없다니까요. 다음 주에 다시 연락주세요. 지금 손님이 와 계시거든요. 나중에 연락드리겠습니다."

변호사는 이렇게 말한 다음 수화기(受話器)를 놓고 문 앞에 서 있는 중년 남자에게 근엄(謹嚴)하[26]게 말했다.

"손님, 죄송합니다. 조금 바빠서요. 그런데 어떻게 오셨죠? 무엇을 도와드릴까요?"

남자는 머리를 저[27]으며 의아(疑訝)한 표정으로 말했다.

"전화국에서 전화선(電話線)을 연결하러 왔는데……?"

## 친절의 행위(行爲)

> 당신은 당신의 동료(同僚)들을 위해 시간을 내야 한다. 설령(設令) 그것이 아무리 작은 일일지라도[28] 다른 사람을 위해 뭔가를 하라. 그것을 하는 특권(特權) 외에는 아무런 보상(報償)도 바라지 않는 뭔가를.
>
> — 알베르트 슈바이처[29]

---

24 꾸미다 布置，裝飾
25 풋내기 新手，初出茅庐
26 근엄하다 严谨，严肃
27 머리를 젓다 摇头
28 -ㄹ지라도 （跟在用言词干后）即使……也要（会）……，不管……也要（会）……
29 알베르트 슈바이처 [Albert Schweitzer] 艾伯特·史怀哲

미국 남북 전쟁이 한창일[30] 때 에이브러햄 링컨은 종종[31] 부상(負傷) 당한 병사(兵士)들이 입원해 있는 병원을 방문했다.

한번은 의사들이 심한 상처를 입고 거의 죽음 직전[32]에 있는 젊은 병사들에게 링컨을 안내했[33]다.

링컨은 병사의 침상(寢牀) 곁으로 다가가서 물었다.

"내가 당신을 위해 할 수 있는 일이 뭐 없겠소?"

병사는 링컨을 알아보지 못하는 게 분명했다. 그는 간신(艱辛)히 이렇게 속삭였[34]다.

"저의 어머니에게 편지 한 통만 써 주시겠어요?"

펜과 종이가 준비되었다.

대통령(大統領)은 정성스럽게 젊은이가 말하는 내용을 적어 내려갔다.

"보고 싶은 어머니, 저는 저의 의무(義務)를 다하던 중에 심한 부상을 당했습니다. 아무래도[35] 회복(恢復)되지 못할 것 같군요. 제가 먼저 떠나더라도 저 때문에 너무 슬퍼하지 마세요. 존과 메리에게도 저 대신 입 맞춰 주시고요. 신께서 어머니와 아버지를 축복해 주시기를 빌겠어요."

병사는 기력(氣力)이 없어서 더 이상 애기를 계속할 수가 없었다. 그래서 링컨은 젊은이 대신 편지 말미(末尾)에 서명(署名)을 하고 이렇게 덧붙였[36]다.

"당신의 아들을 위해 에이브러햄 링컨이 이 편지를 대필(代筆)했습니다."

젊은 병사는 그 편지를 자기에게 보여 달라고 부탁했다. 그는 편지를 대신 써 준 사람이 누구인가를 알고 깜짝 놀랐다.

병사가 물었다.

"당신이 정말로 대통령이신가요?"

---

30 한창이다 如火如荼，鼎盛
31 종종 常常，不时地
32 직전 前夕，即将……之前
33 안내하다 带领，带路
34 속삭이다 说悄悄话，窃窃私语
35 아무래도 不管怎么说，不管怎么样
36 덧붙이다 附带，附加

링컨이 조용히 대답했다.

"그렇소. 내가 대통령이오."

그런 다음 링컨은 자신이 할 수 있는 다른 일이 없는가를 그에게 물었다.

병사가 말했다.

"제 손을 잡아 주시겠습니까? 그렇게 하면 편안(便安)히 떠날 수 있을 것 같습니다."

조용한 실내에서 링컨 대통령은 청년의 손을 잡고 그가 숨을 거둘³⁷ 때까지 그에게 따뜻한 용기의 말들을 나지막이³⁸ 들려주었다.

## 링컨의 유머

한번은 링컨 대통령이 백악관³⁹(白堊館)에서 자기 구두를 손수⁴⁰ 닦고 있었습니다. 친구가 들어와 그 장면(場面)을 보고 깜짝 놀랐습니다.

"어찌⁴¹ 대통령이 자기 구두를 직접 닦고 있나?"

유머가 풍부(豊富)한 대통령이 말했습니다.

"아니, 그럼 미국 대통령은 다른 사람 구두도 닦아야 하나?"

---

37 숨을 거두다 （婉辞）咽气，断气
38 나지막이 低沉地，小声地
39 백악관 白宫
40 손수 亲自
41 어찌 怎么

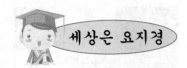

### 성조기(星條旗)는 누가 디자인했[42]을까?

미국 국기(國旗)인 성조기가 주(州)의 수(數)를 바탕[43]으로 디자인되었다는 사실은 잘 알려져 있다.

붉은 줄[44]과 하얀 줄 열세 개는 독립(獨立)할 당시 주의 수, 왼쪽 위 푸른 바탕에 있는 하얀 별 50개는 현재의 주를 나타낸다.

그렇다면 주의 수를 국기 디자인으로 사용하겠다는 생각을 한 사람은 누구일까?

일반적으로는 베티 로스라는 여성이라고 알려져 있다.

그래서 1952년에는 성조기를 고안(考案)한[45] 그녀를 기념(記念)해 우표까지 발행되었다. 하지만 증거는 없다.

본인이 말년(末年)에 "내가 고안했다." 라고 말한 것만이 유일(唯一)한 근거이기 때문에 거짓일 가능성도 있다.

한편 미국의 첫 대통령 워싱턴이 생각해 낸 것이라는 설[46](說)도 유력(有力)하다.

1776년 정월에 그가 줄무늬[47] 열세 개에 영국 국기 유니언잭[48]을 조합(組合)한 깃발[49]을 내걸[50]었다는 점(點) 등이 주장(主張)을 뒷받침해[51] 주고 있다.

---

42 디자인하다 设计
43 바탕 底子，基础，根底
44 줄 条，线，道子
45 고안하다 发明，研制，酝酿
46 설 说法
47 줄무늬 条纹，线纹
48 유니언잭 [Union Jack] 米字旗
49 깃발 旗帜
50 내걸다 挂，张挂
51 뒷받침하다 支持，撑腰，作后盾

 깔깔 유머

### 아르바이트[52]

사람들이 많이 다니는 지하철역에서 한 시각장애인(視覺障碍人)이 구걸(求乞)하는 것을 보고는 나이 많으신 할머니가 지갑[53]에서 천 원을 꺼내 깡통[54]에 넣어 주었다.

그런데 그만 잘못해서 할머니가 손에 들고 있던 지하철 표를 떨어뜨리[55]자 그 시각장애인이 그것을 줍[56]더니 벌떡[57] 일어나 할머니께 그 표를 드렸다.

이것을 본 할머니는 깜짝 놀라며 말했다.

"어이구! 장님이 아니었어?"

그러자 그 시각장애인이 말했다.

"아……. 그분은 지금 휴가 중이시고요, 전 아르바이트예요!"

---

52 아르바이트 打工, 副业
53 지갑 钱包
54 깡통 桶, 罐, 易拉罐
55 떨어뜨리다 使掉落, 使落下
56 줍다 拾取, 拾, 捡
57 벌떡 霍地, 突然

# 명작 감상

## 빨간 망토[58]

등장(登場)인물: 해설(解說), 빨간 망토, 엄마, 늑대, 할머니, 사냥꾼, 고양이, 강아지[59]

### 장면(場面) 1:

해설: 이 연극(演劇)을 공연[60](公演)할 수 있게 해 주셔서 감사합니다. 여러분은 빨간 망토의 이야기를 읽어 보셨나요? 이 이야기는 빨간 망토라고 불리는 한 소녀의 이야기입니다. 그녀에게 무슨 일이 일어날까요? 준비되셨나요? 우리 함께 이야기의 세계로 빠져들[61]어 봅시다!

해설: 어느 마을에 귀여운 소녀가 살고 있었어요. 소녀는 마을 사람들 모두에게 사랑을 받았어요. 특히 소녀의 할머니는 소녀를 무척 귀여워했[62]어요.

---

58 망토 披风
59 강아지 小狗，狗崽子
60 공연 演出
61 빠져들다 沉浸，陷入
62 귀여워하다 喜爱，疼爱

그러던 어느 날, 소녀의 생일이 되었어요. 할머니는 소녀에게 두건(頭巾)이 달린[63] 예쁜 망토를 선물했어요.

소녀: 야, 예쁘다! 할머니, 고맙습니다!
할머니: 그래, 애야. 이제부터 너를 빨간 망토라고 부르마.
고양이: 야옹[64], 멋진 망토를 걸쳤[65]구나.
강아지: 멍멍, 망토가 정말 예쁜걸!
해설: 소녀는 언제나 빨간 망토를 걸치고 다녔어요. 그래서 모두 소녀를 '빨간 망토 아가씨'라고 불렀어요.
해설: 그러던 어느 날, 빨간 망토의 할머니는 감기에 걸리고 말았답니다.

## 장면2: 부엌에서

(엄마가 빨간 망토를 부른다.)
엄마: 빨간 망토! 빨간 망토! 어디 있니, 아가[66]야?
빨간 망토: 저 여기 있어요. 엄마!

엄마: (바구니[67]를 건네며) 할머니께서 감기에 걸려 많이 편찮으시단다. 할머니께 이 케이크를 가져다 드리렴. 어제 만들었단다.
빨간 망토: 예, 엄마! 알았어요.
엄마: 할머니께 안부 전해 드리렴. 조심해라, 한눈을 팔[68]면 안 된다. 아가야!
빨간 망토: 엄마, (손 흔든다) 걱정 마세요, 엄마.
엄마: 뛰지 마라, 넘어질[69] 수도 있어. 그리고 절대(絶對) 길을 떠나서는 안 된다. 알았지?
빨간 망토: 네! 엄마. 그럼 잘 다녀오겠습니다.

---

63 달리다 带，系，挂
64 야옹 咪咪（猫叫声）
65 걸치다 搭，披，穿
66 아가 小宝贝；宝贝媳妇
67 바구니 篮子
68 한눈을 팔다 东张西望，眼睛向旁边看；分神，分心，开小差
69 넘어지다 摔倒，跌倒

### 장면3: 할머니 댁으로 가는 길에서

해설: 빨간 망토는 길에서 늑대를 만납니다.

늑대: (숨어서 침 삼키[70]며) 맛있어 보이는걸! 저 꼬마 여자아이를 꼭 잡아먹어야지.

(망토 앞에 나타나며 다정하게) 안녕! 오늘 어떠니?

빨간 망토: (거부감[71] 없이): 좋아. 그런데 걱정돼.

늑대: 왜 걱정이 돼?

빨간 망토: 할머니가 아프셔서.

늑대: 오, 안 됐구나. 할머니가 빨리 나[72]으셔야 할 텐데. 근데, 너 어디 가니?

빨간 망토: 할머니 댁에. 할머니를 만나러 가.

늑대: 할머니가 어디에 사시는데?

빨간 망토: (마을을 가리키며) 저기에. 마을의 첫 번째 집이야.

늑대: 거기가 머[73]니?

빨간 망토: 아니. 여기서 아주 가까워.

늑대(속마음): 음……. 나는 이 소녀와 할머니를 몽땅[74] 잡아먹을 수 있을 거야.

늑대: 빨간 망토 아가씨, 저기를 봐! 저 아름다운 꽃이 보이니? 할머니가 좋아하는 꽃도 따 드려야지. 할머니가 꽃을 좋아하시지?

빨강 망토: 어머나, 예뻐라! 할머니께 꽃을 선물해 드리면 무척 좋아하실 거야.

늑대(속마음): 쿠호호……. 이런 바보 같은 녀석. 난 지름길[75]로 할머니 집에 먼저 가서 할머니를 잡아먹은 뒤에 빨간 망토 아가씨가 오면 또 잡아먹어야지! 으흐흐.

---

70 침 삼키다 咽唾沫
71 거부감 排斥感
72 낫다 好，痊愈
73 멀다 远
74 몽땅 一下子；全，全部
75 지름길 捷径，近道

장면4: 숲에서

해설: 한편 한 송이, 두 송이⋯⋯. 빨간 망토는 꽃을 따느라 정신이 없[76]었습니다.

빨간 망토: 랄라랄라랄! 이 빨간 꽃, 노란 꽃, 주황(朱黃) 꽃⋯⋯. 다 할머니께서 좋아하실 만한[77] 꽃들이야.

해설: 그동안, 늑대는 매우 서둘러[78] 할머니 집에 가고 있었습니다. 이제 늑대는 할머니의 집 앞에 왔습니다.

장면5: 할머니의 집에서

늑대: 히히히, 여기가 할머니의 집이군.
(늑대, 문을 노크한다.[79])

할머니: (힘없는 목소리) 누구세요?

늑대: (목소리를 귀엽게 꾸며[80]) 저예요, 빨간 망토요.

할머니: (침대에서 몸을 일으키[81]며) 오, 아가야, 들어오렴. 문은 열려 있단다. 네가 와서 기쁘단다.
(순간 다가오[82]는 늑대의 그림자[83])

****페이드아웃[84](fade-out)****

---

76 정신이 없다 忙碌，忙得四脚朝天；弄懵了，弄糊涂了
77 -만하다 值得；和⋯⋯一样的程度
78 서둘러 赶紧，赶忙
79 노크하다 敲门
80 꾸미다 布置，打扮；假装
81 일으키다 坐起，扶起；引起，挑起
82 다가오다 走近；来临
83 그림자 影子，阴影
84 페이드아웃 [fade-out] 淡出，（使）渐弱

**장면6: 침대에서**

해설: 늑대는 할머니 옷으로 갈아입고 침대에 누워 빨간 망토가 오기를 기다렸어요.

늑대: 어디에 숨어서 기다리지? 옳지[85]. 내가 할머니로 변장(變裝)하[86]면 빨간 망토는 내가 할머니인 줄 알고 다가오겠지? 그럼 한입에 꿀꺽[87]해야지.

해설: 드디어 빨간 망토는 도착을 했어요.

빨간 망토: 이상하네, 문이 열려 있잖아. 무슨 일이 일어났지? 할머니! 할머니!

늑대: (쉰[88] 목소리로) 누구세요?

빨간 망토: 저예요, 빨간 망토예요. 할머니!

(망토가 다가가자 늑대는 이불 속으로 숨는다.)

늑대: 오, 빨간 망토? 난 여기 있단다, 침대에 있어.

빨간 망토: 할머니, 목소리가 이상하시네요.

늑대: 감기가 심해서 그렇단다.

빨간 망토: 불쌍한 할머니……. 할머니 드리려고 제가 꽃을 가져왔어요.

늑대: 빨간 망토야, 고맙다. 너는 정말 착한 아이야. 자! 이쪽으로 와서 할머니에게 너의 예쁜 얼굴을 보여 주렴.

해설: 그런데 할머니의 모자 옆으로 큰 귀가 나와 있었어요.

빨간 망토: 어머나! 할머니, 귀가 왜 이렇게 커다란[89]가요?

늑대: 그건 네 목소리를 잘 듣기 위해서란다.

---

85 옳지 对呀, 对了, 对头
86 변장하다 化装, 伪装
87 꿀꺽 咕咚, 咕的一声
88 쉬다 嘶哑, 哑; 休息
89 커다랗다 巨大, 硕大

빨간 망토: 할머니, 할머니 눈은 왜 그렇게 큰가요?

늑대: 오호! 그건 너의 그 귀여운 얼굴을 잘 보기 위해서지.

빨간 망토: 할머니 손은 왜 이렇게 큰가요?

늑대: 그건 너를 잘 붙들[90] 수 있기 때문이지.

빨간 망토: 그럼 입은 왜 그렇게 큰가요?

늑대: (본색을 드러내[91]며) 그건 너를 잡아먹기 위해서지!

해설: 이렇게 말하고서, 늑대는 한입에 빨간 망토를 꿀꺽 삼켰[92]어요.

늑대: 아, 둘이나 잡아먹었더니 배가 부르구나. 낮잠이나 한숨[93] 자 볼까?

'드르렁[94]~ 드르렁~'

해설: 할머니와 빨간 망토를 잡아먹고 난 늑대는 행복하게 잠을 자고 있었습니다. 그런데 한 사냥꾼이 우연(偶然)히 할머니의 집을 지나갔습니다.

사냥꾼: 아니, 누가 저렇게 심하게 코를 골[95]지?

빨간 망토, 할머니: 살려주세요! 살려주세요!

사냥꾼: 무슨 소리지? 오! 나쁜 늑대! 널 찾고 있었다. 마침내 너를 잡았구나. 널 쏘[96]겠다.

빨간 망토, 할머니: 도와주세요! 도와주세요!

사냥꾼: 어디예요? 늑대의 배에서 울음소리[97]를 들었어요. 걱정 마세요. 지금 구(救)해 드릴게요.

해설: 사냥꾼은 가위로 늑대의 배를 가르[98]고, 할머니와 빨간 망토를 구했어요.

사냥꾼: (할머니와 빨간 망토를 구한 뒤 할머니와 빨간 망토에게) 이제 안전(安全)해요.

---

90 붙들다 抓住，扶住
91 본색을 드러내다 露出本色，现原形
92 삼키다 吞下，咽下
93 한숨 一会儿；一口气
94 드르렁 （打鼾声）呼噜呼噜
95 코를 골다 打呼噜
96 쏘다 射（箭），打（枪）
97 울음소리 哭声，叫声
98 가르다 剖，分，切，劈

할머니: 정말 감사해요!

빨간 망토: 아저씨, 살려 주셔서 고맙습니다!

할머니: 고약한[99] 늑대 같으니라고[100]! 두 번 다시 이런 짓 못하도록 혼내줘[101]야지!

사냥꾼: 좋아요. 그럼 늑대 뱃속에 돌덩이[102]를 넣어두시지요.

해설: 사냥꾼은 늑대 뱃속에 돌덩이를 잔뜩[103] 넣어두었습니다.

사냥꾼: 이제 풀숲에 숨어서 늑대를 지켜보자.

늑대: 아아, 잘 잤다! 어? 배가 왜 이렇게 무겁지? 두 사람이나 잡아먹어서 그런가? 아, 목이 마르군. 아, 물을 마셔야겠다.

### 장면7: 물가에서

(물가로 간다.)

늑대: 꿀꺽꿀꺽…….

늑대: 어? 어?

꼬르륵[104]…….

해설: 늑대는 물을 마시려고 물가에 갔다가 배가 무거워 그만 물속에 빠져 죽고 말았습니다. 할머니와 빨간 망토는 즐겁게 시간을 보내고 빨간 망토는 해가 지[105]기 전에 집으로 돌아갔습니다.

---

99 고약하다 难说话，难弄；坏，黑

100 같으니라고 （用在体词后）真是个……，十足的…… 如：저런 배은망덕(背恩忘德)한 놈 같으니라고. 真是个忘恩负义的东西！ 이 말썽꾸러기 같으니라고! 真是个小淘气! 귀여운 것 같으니라고. 真是个可爱的小东西。

101 혼내주다 收拾，教训

102 돌덩이 石块

103 잔뜩 满满地

104 꼬르륵 咕嘟嘟（水冒泡）；咕咕（肚子饿得叫）

105 해가 지다 日落

# 역사 이야기

## 신라의 바다를 지킨 해상왕 장보고(張保皐)

### 당(唐)나라를 향하여

뱃사공[106] 궁복(弓福)은 낮은 신분 출신으로 무역(貿易) 일을 하며 당나라와 일본을 왕래(往來)하였어요.

그러다 중국의 발달(發達)한 문화를 알게 된 궁복은 자신의 낮은 신분으로는 신라에서 도저히 성공할 수 없음을 깨닫고 친구 '정연(鄭年)'과 함께 당나라로 갔어요.

정연 역시[107] 신분이 낮았으므로 궁복과 같은 생각을 하고 있었어요.

궁복과 정연은 곧장[108] 당나라 군대(軍隊)에 지원(志願)했어요. 힘으로 하는 일[109]이라면 자신(自信)이 있었기 때문이었어요.

당나라 군인이 된 궁복은 자신의 이름을 장보고로 고쳤어요.

---

106 뱃사공 船夫, 艄公
107 역시 也, 也是; 还, 还是
108 곧장 直接, 径直
109 힘으로 하는 일 力气活

당나라에서는 해마다 말타기, 칼쓰기, 창110(槍) 쓰기, 활쏘기 등의 시합111(試合)이 열렸는데, 그는 매번(每番) 1등을 해서 몇 해 지나지 않아 무령군 소장(武寧軍小將)이 되었어요.

무령군 소장은 1000명의 병사를 지휘(指揮)하는 장교(將校)였어요.

당나라 사람도 오르기 힘든 벼슬112이었지요.

### 가자, 고국(故國) 신라로

그무렵 당나라에는 많은 신라인들이 무리 지113어 살고 있었어요.

그곳을 '신라방(新羅坊)'이라고 하고, 절114은 '신라원'이라고 불렀어요. 또 신라방의 신라인을 다스리는 행정기구(行政機構)인 '신라소'도 있었지요.

그러나 그곳에는 노예(奴隷)로 팔려온 신라인들이 많이 있었고, 그들의 생활은 정말 비참(悲慘)했어요.

어느 날, 장보고는 신라 소년 5명이 해적선(海賊船)에 붙잡혀115 노예로 팔린 사실을 알게 되었어요.

장보고는 친구 정연을 찾아가 상의(商議)했어요.

"해적들이 사람들을 잡아 노예로 파는 것을 더 이상 보고만 있을 수는 없네. 조국으로 돌아가 해적을 소탕(掃蕩)해야겠네. 자네116는 어쩔 텐가?"

"천한 신분의 우리가 신라로 돌아간다 해도 벼슬을 줄 리(理)117가 없네. 난 여기 머물118겠네. 자네가 자리를 잡119으면 그때 자넬 찾아가겠네."

---

110 창 长矛；标枪
111 시합 比赛，比试
112 벼슬 官，官职
113 무리 짓다 成群结伙
114 절 寺，寺庙
115 붙잡히다 被抓住，被逮住
116 자네 你
117 리 (以-ㄹ/을 리 있다/없다의 형식 사용) 后接 "있다" 时，意思为 "会"；后接 "없다" 时，意思为 "不会"
118 머물다 留，逗留
119 자리를 잡다 安定；位于

168

## 청해진 대사(淸海鎭大使)가 되어

장보고는 무령군 소장이라는 벼슬을 버리고 신라로 돌아가서 신라의 흥덕왕(興德王)을 만나 자신의 생각을 말했어요.

이야기를 들은 왕이 말했어요.

"당나라에서 장군으로 지낸 점(点)을 높이 사[120], 그대에게 군사(軍士) 1만을 줄 테니 바다를 지켜 다시는 해적이 날뛰[121]지 않게 하시오."

장보고는 완도로 가서 청해진을 설치했어요.

흥덕왕 3년, 장보고는 청해진 대사로 임명(任命)되었고, 빠르고 튼튼한 배를 만들었어요.

배가 완성되자, 장보고는 몇 달 사이에 해적들을 말끔히[122] 소탕(掃蕩)했어요.

해적들은 서해(西海)에 감히 올 생각도 하지 못했고, 장보고가 서해의 주인이 되었지요.

## 약속을 못 지키는 왕

흥덕왕이 세상을 떠난 뒤, 왕위 쟁탈전(爭奪戰)이 일어났어요. 그 쟁탈전에서 승리한 희강왕(僖康王)이 왕위에 올랐지요.

희강왕은 흥덕왕의 조카 우징(祐徵)에게 청해진의 장보고를 도울 것을 요청했어요.

우징과 장보고는 3년 동안 함께 군사를 키웠고, 우징의 아들 경응(慶膺)과 장보고의 딸 난화(蘭和)는 장래(將來)를 약속하게 되었어요.

나중에 김우징은 신라 제45대 신무왕(神武王)이 되었어요.

그러나 신무왕은 백성들의 신임(信任)을 받지 못했고, 등에 종기(腫氣)가 생겨 즉위한 지 7개월 만에 숨을 거두었어요.

경응이 왕위를 이어받아 문성왕(文聖王)이 되었어요.

---

120 사다 给予肯定；买，购买
121 날뛰다 猖獗，嚣张
122 말끔히 干干净净地，利利落落地 ( 말끔히는 形容词 말끔하다의 副词形式 )

"내 아버지와 장보고의 약속대로 난화를 왕비로 맞[123]으려 하오."

"아니 됩니다. 신라의 왕비는 반드시 귀족이어야 합니다. 어찌 뱃사공이었던 장보고의 딸을 왕비로 맞으려고 하십니까?"

"임금의 말은 곧 하늘의 뜻입니다. 스스로[124] 한 약속을 지키지 않는다면 누가 임금의 말을 믿고 따르겠습니까? 약속대로 왕비로 맞으셔야 합니다."

신하들의 상반(相反)된 의견들 속에 왕은 결정을 내리지 못했어요.

장보고는 7년이나 기다렸지만, 아무런 소식을 듣지 못했어요.

### 억울한 죽음

반대(反對)하던 신하들 중, 장보고의 부하(部下)장수였던 '염장(閻長)'이란 자가 말했어요.

"힘으로 안 될 때는 꾀를 내어야지요. 제가 가서 장보고를 없애겠습니다."

며칠 후, 염장은 홀로[125] 청해진으로 향했어요.

"이렇게 먼 곳에 무슨 일로 왔는가?"

"왕의 미움을 받아 여기로 몸을 피(避)하러 왔습니다. 나중에 군사를 일으킬까 합니다."

염장의 거짓말에 장보고는 자신의 불만(不滿)을 털어놓[126]으며, 밤새[127] 술을 마셨어요.

청해진 유적지(遺跡地)에 세워진 장보고 사당(祠堂)

장보고의 불만을 들어주던 염장은 장보고가 술에 취해 쓰러지자, 숨겨두[128]었던 칼을 꺼내 들[129]었어요.

바다의 영웅 장보고는 안타깝[130]게도 이렇게 최후(最後)를 맞이하였답니다.

---

123 맞다 迎, 迎娶
124 스스로 自己
125 홀로 独自, 单独
126 털어놓다 吐露, 吐诉, 和盘托出
127 밤새 通宵, 整夜
128 숨겨두다 收藏, 隐藏
129 꺼내 들다 掏出, 拿出
130 안타깝다 焦急, 难过, 可惜